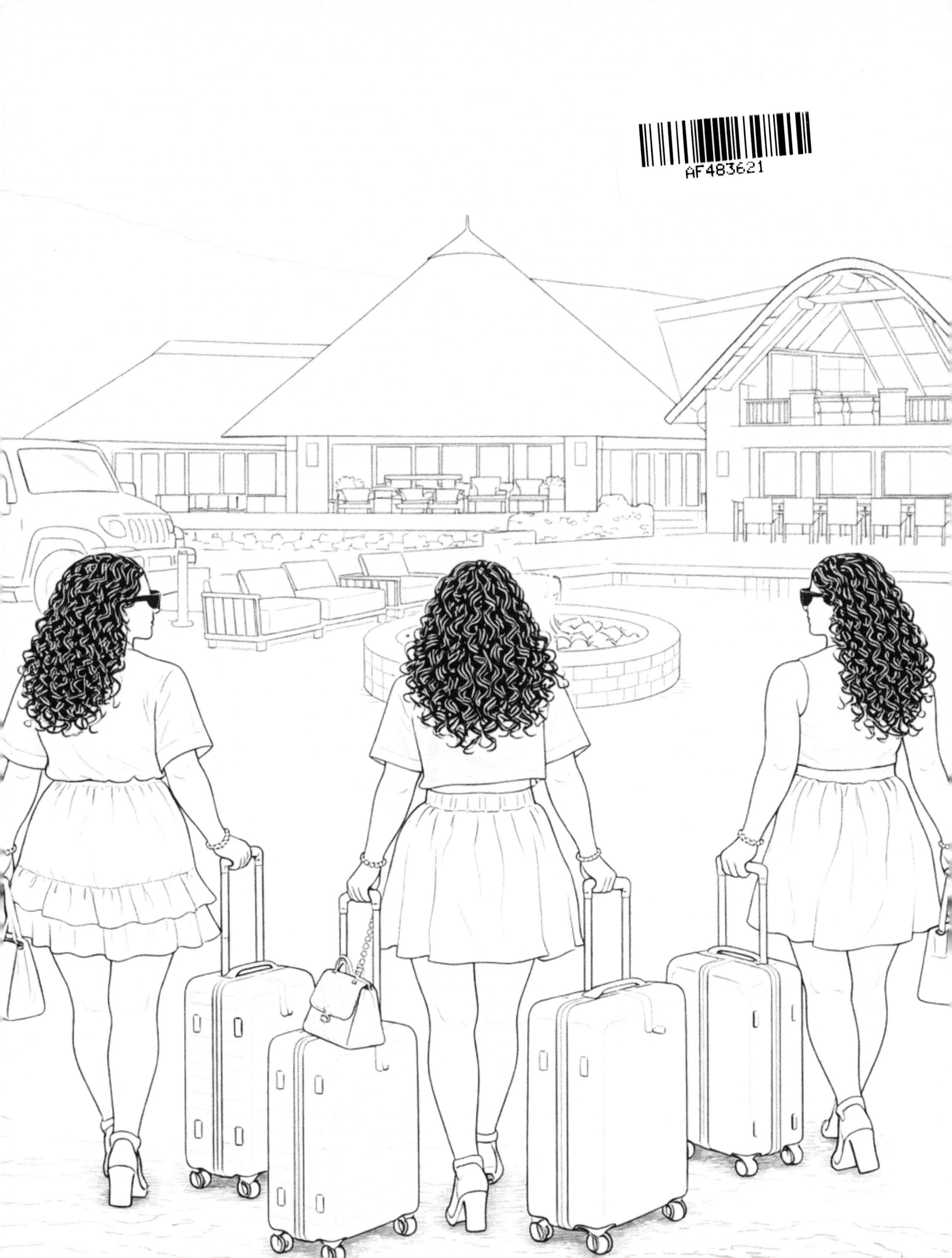
AF483621

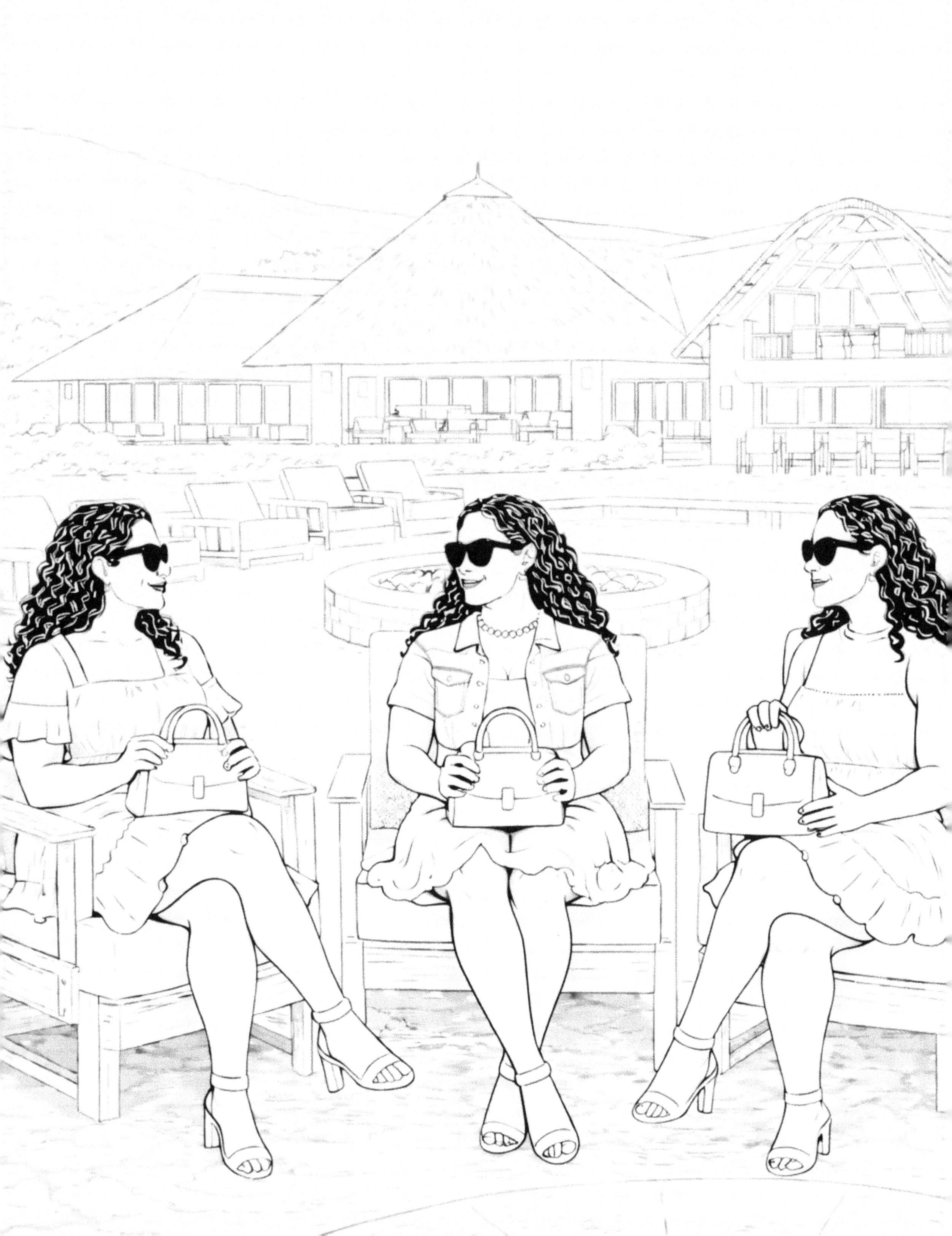

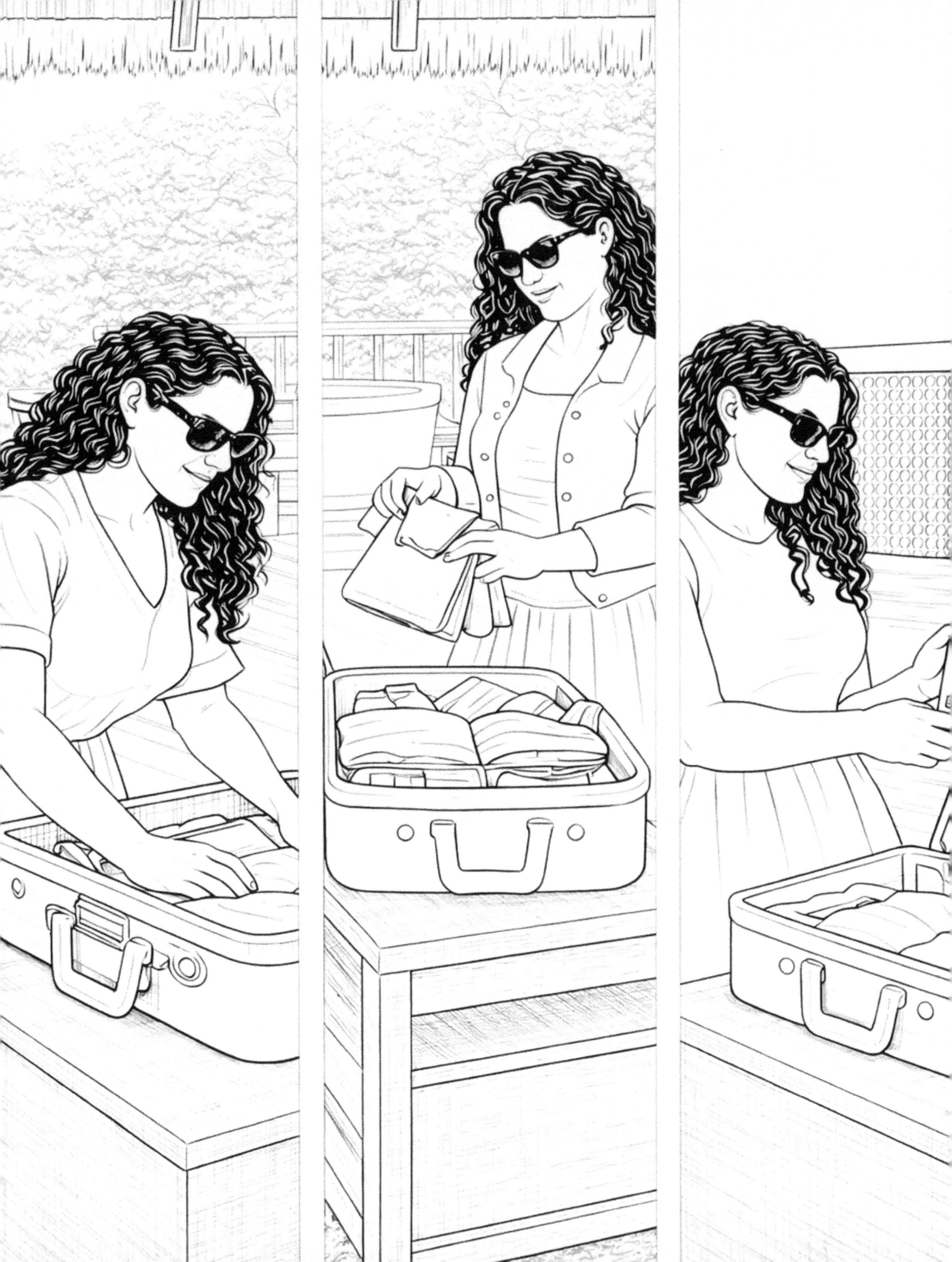

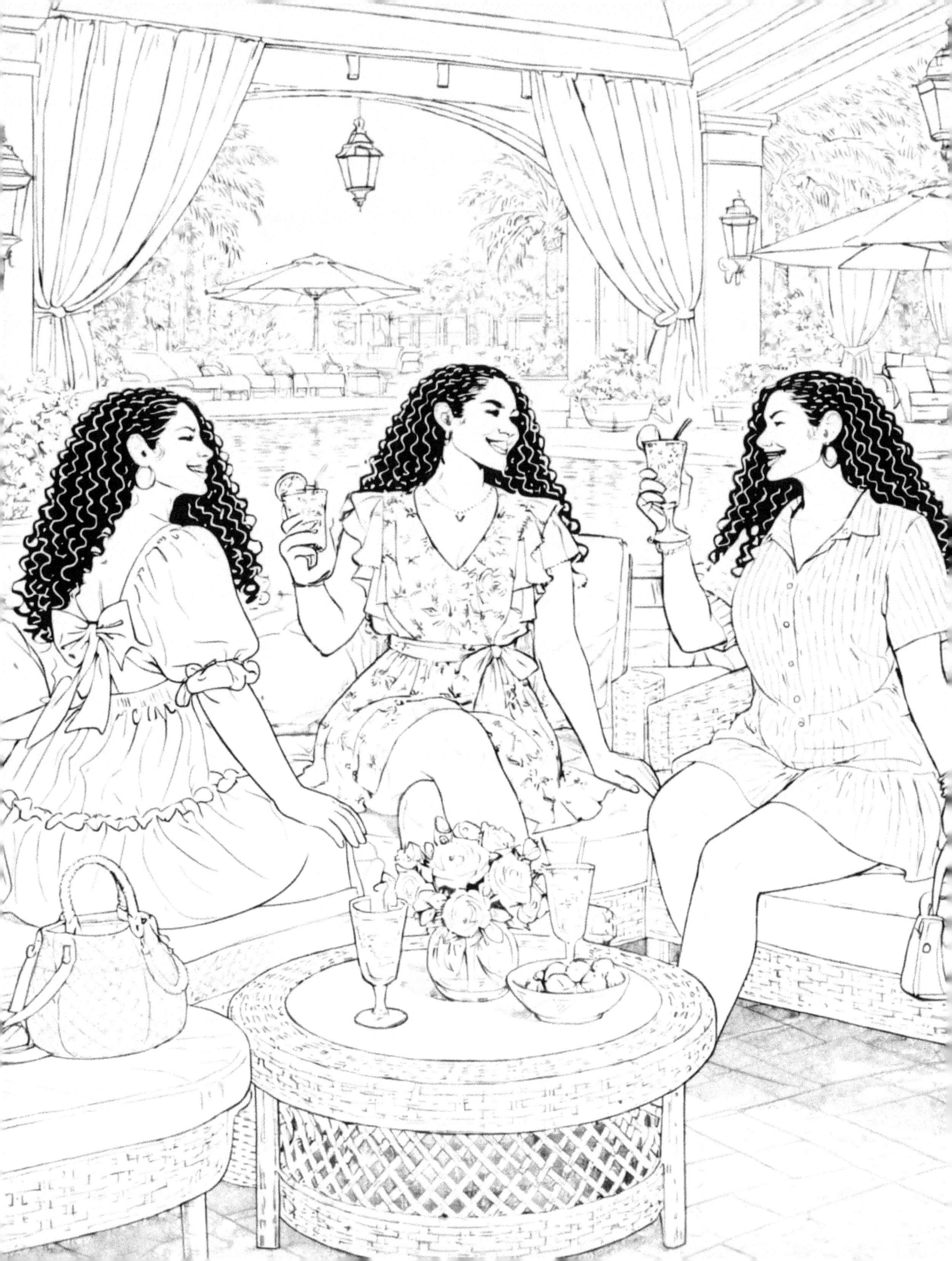

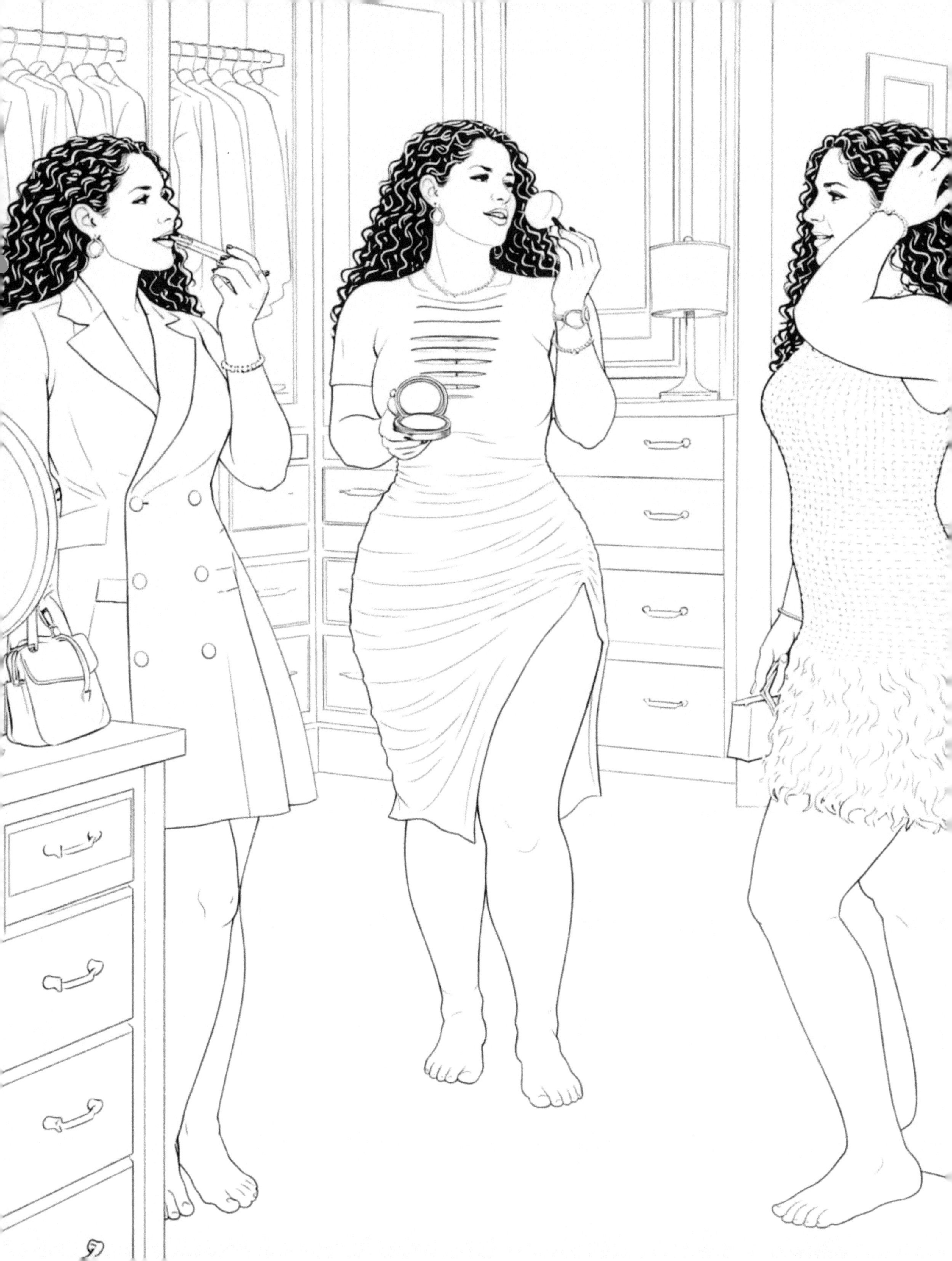

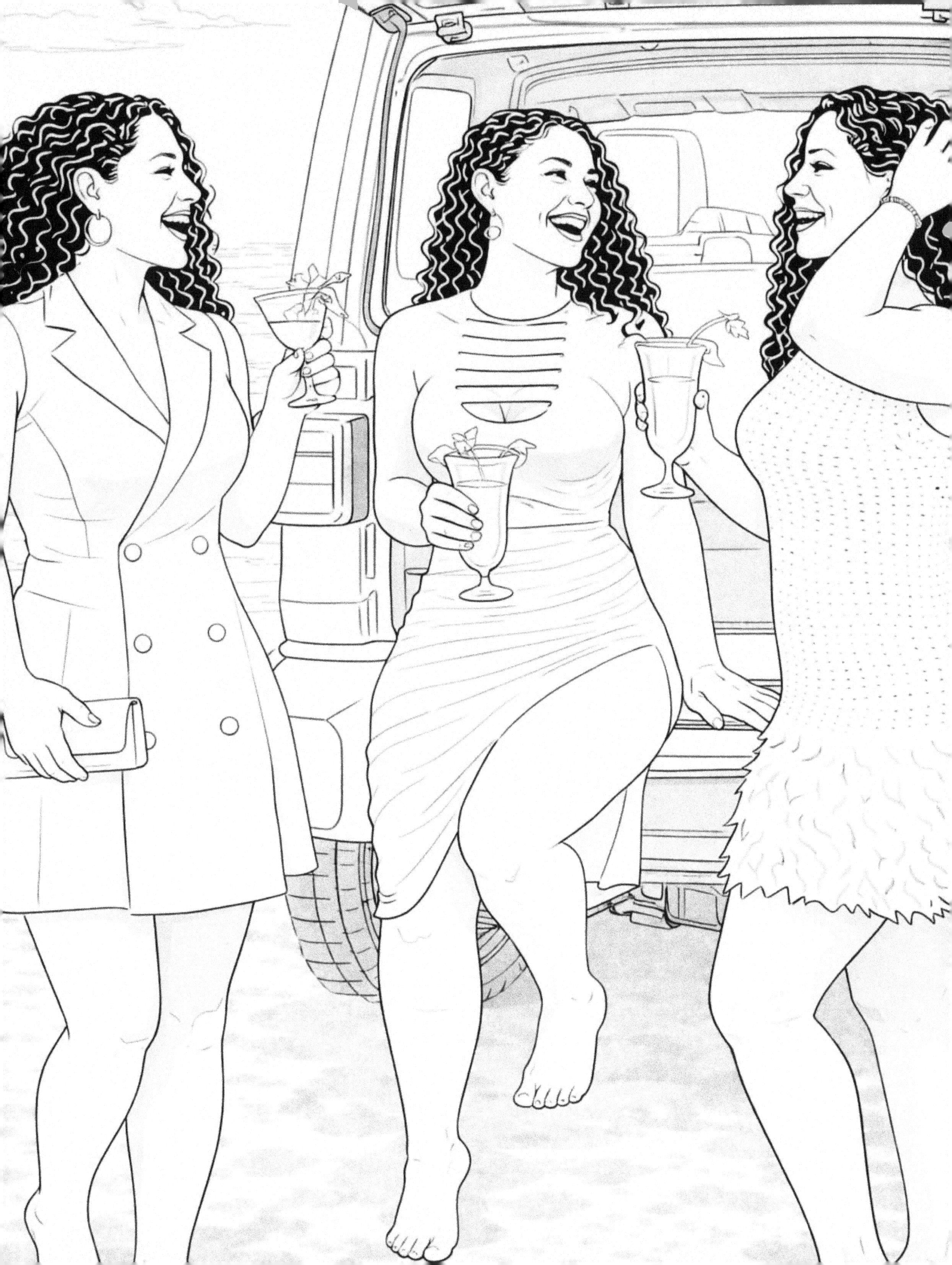

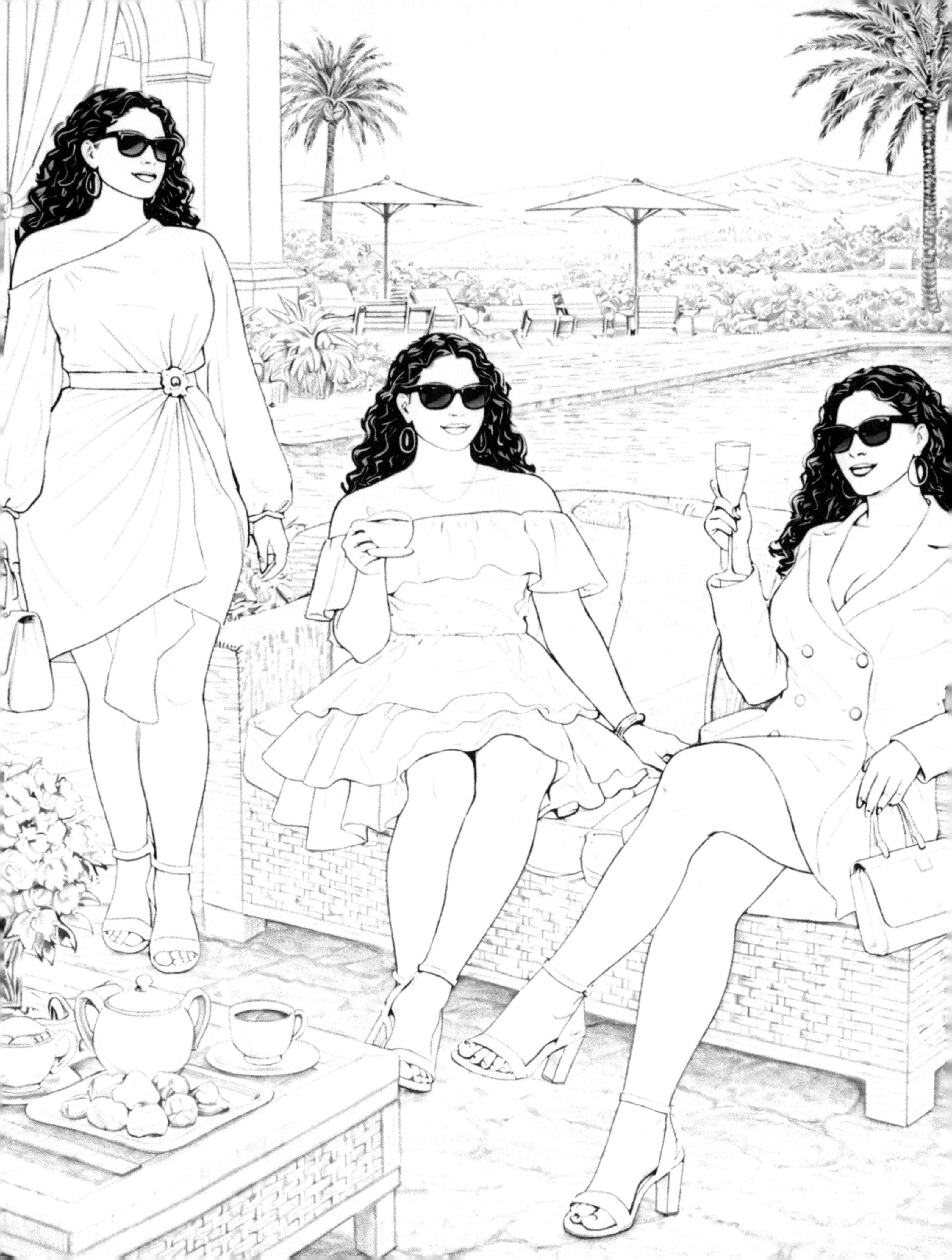

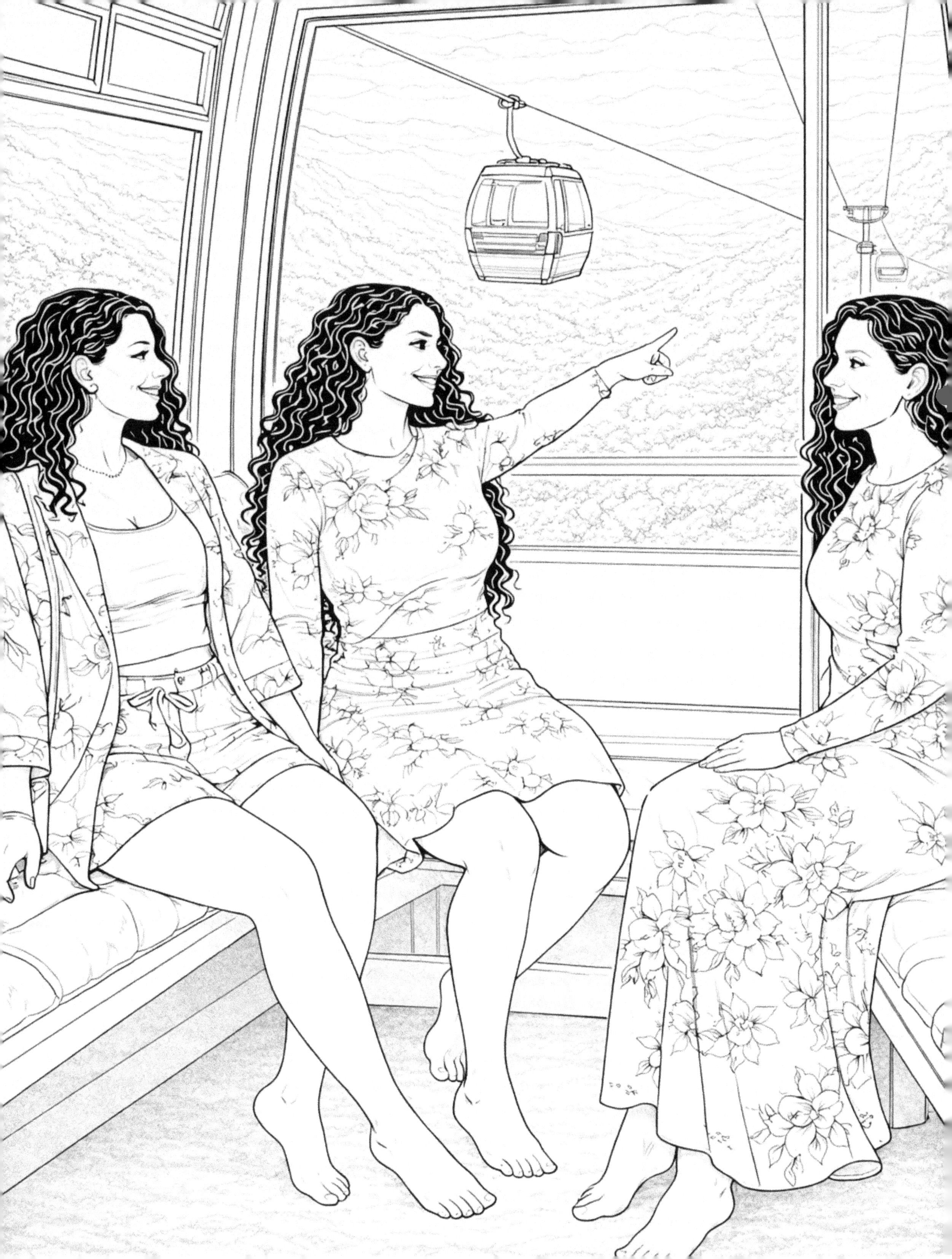

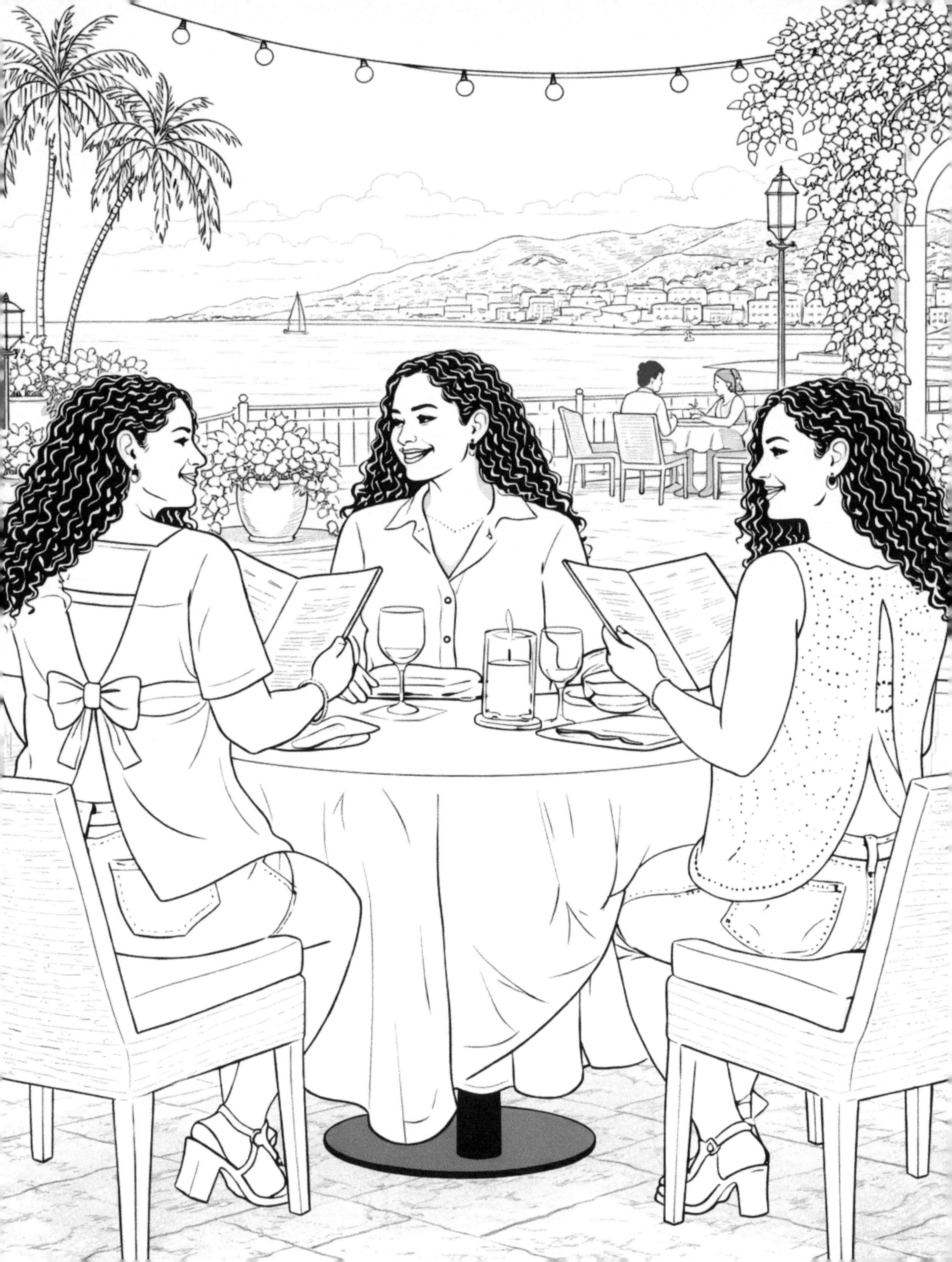

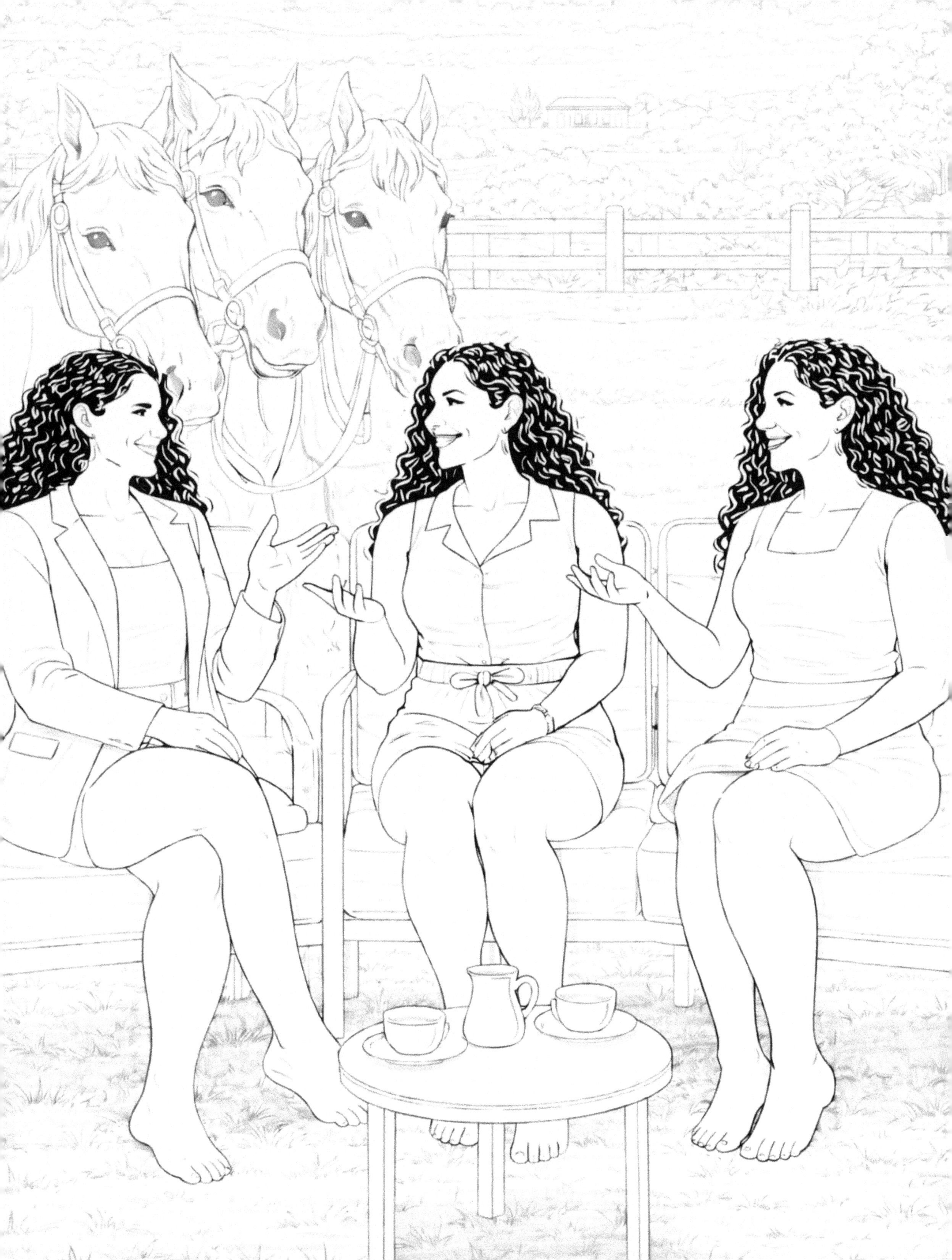

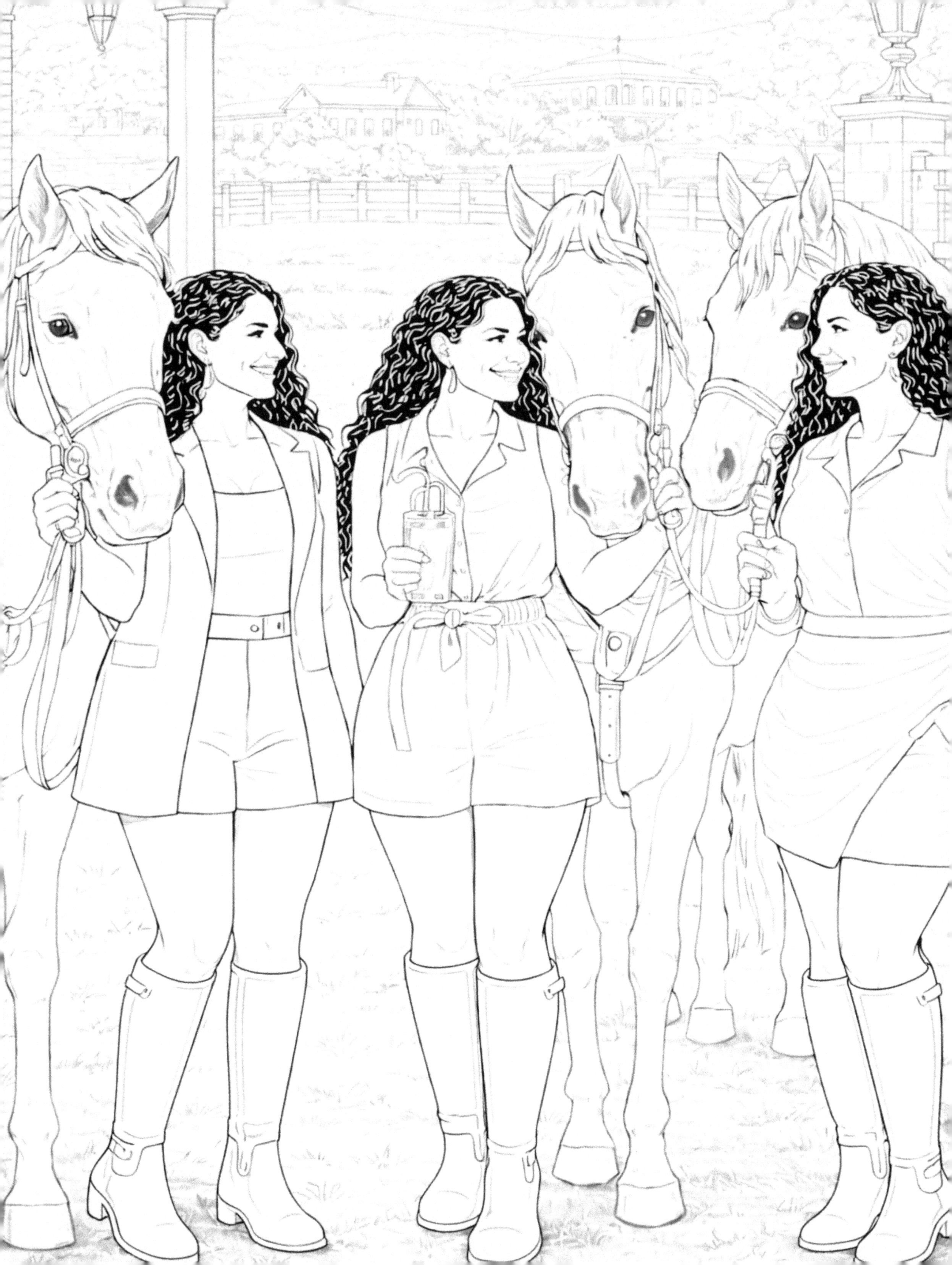

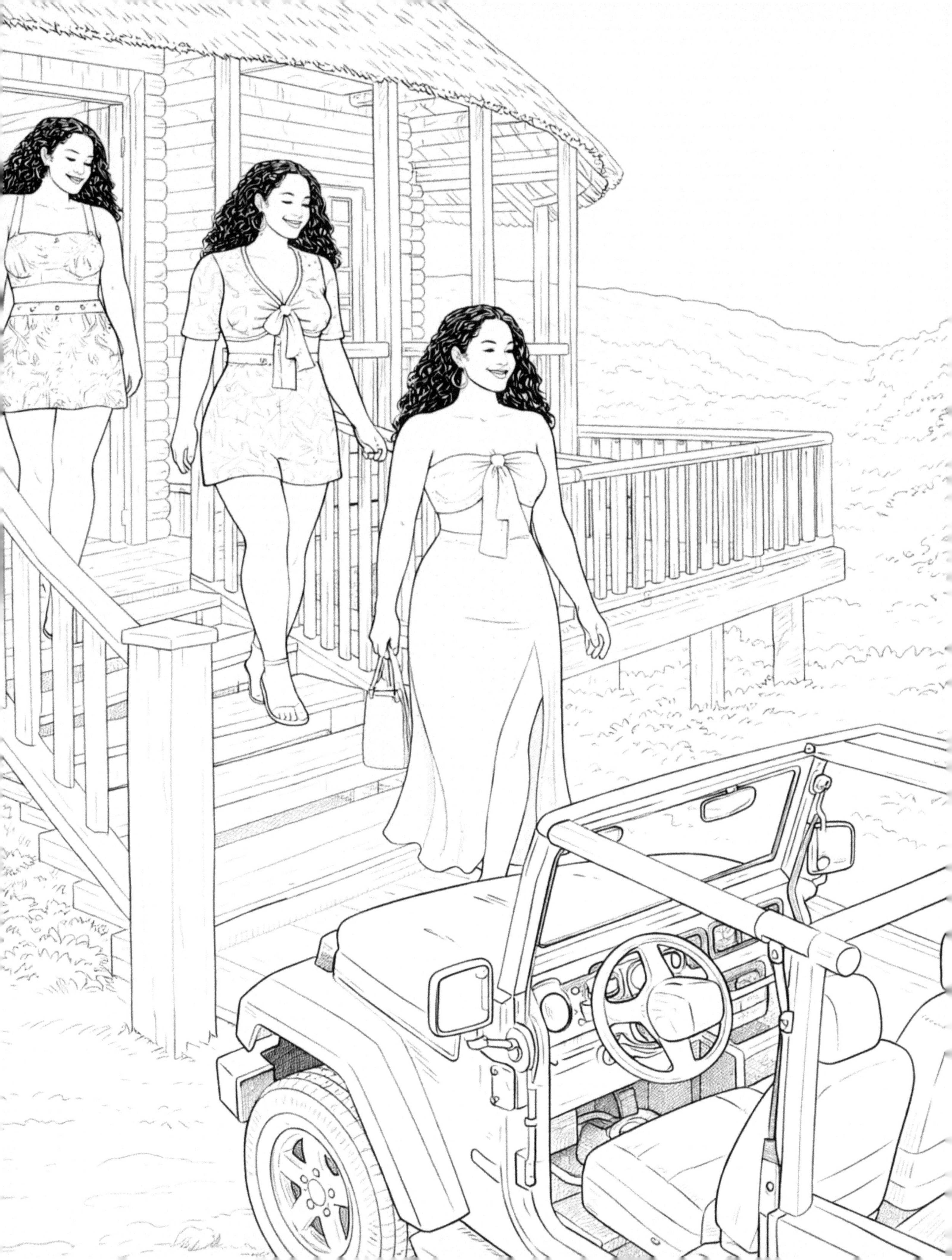

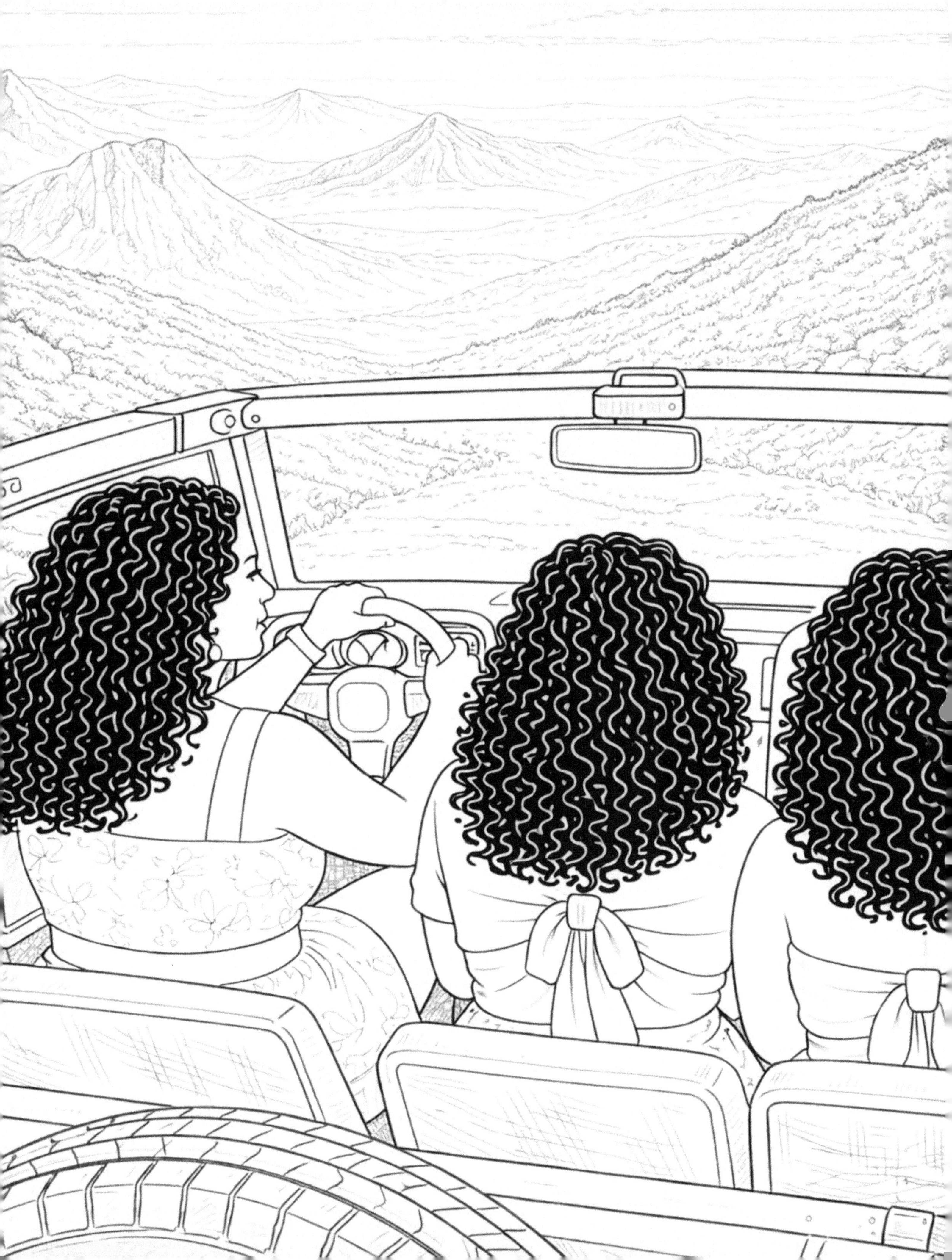

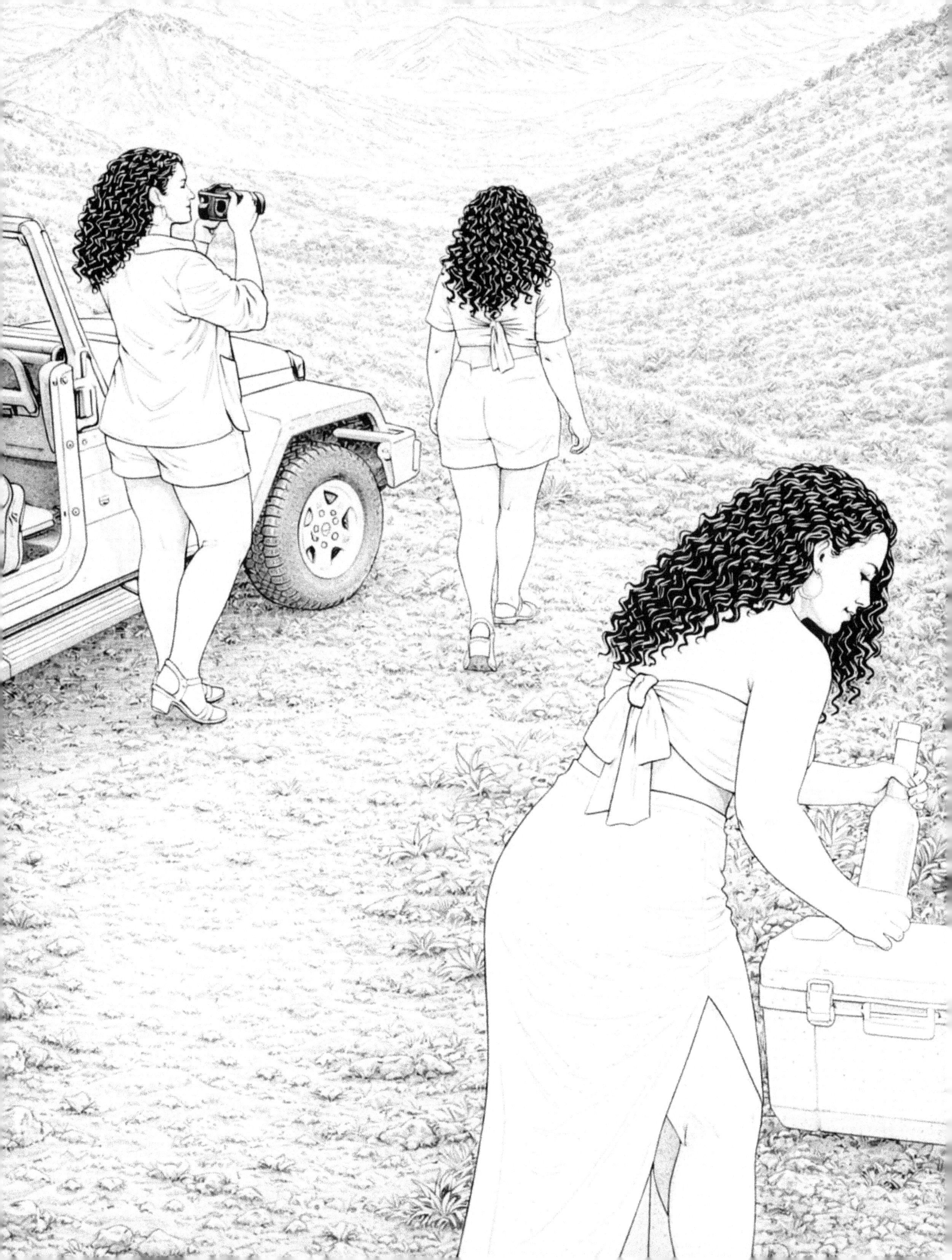

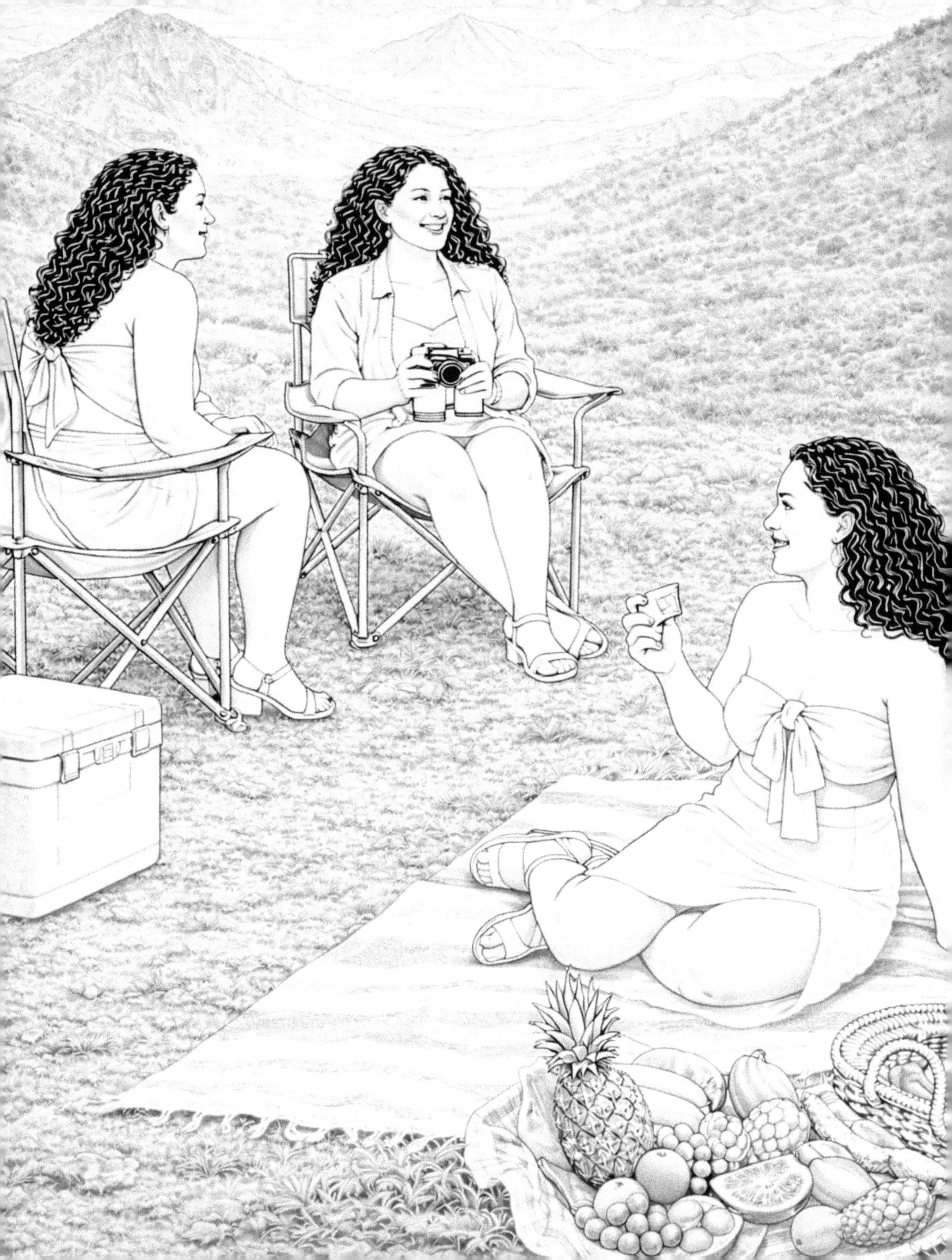

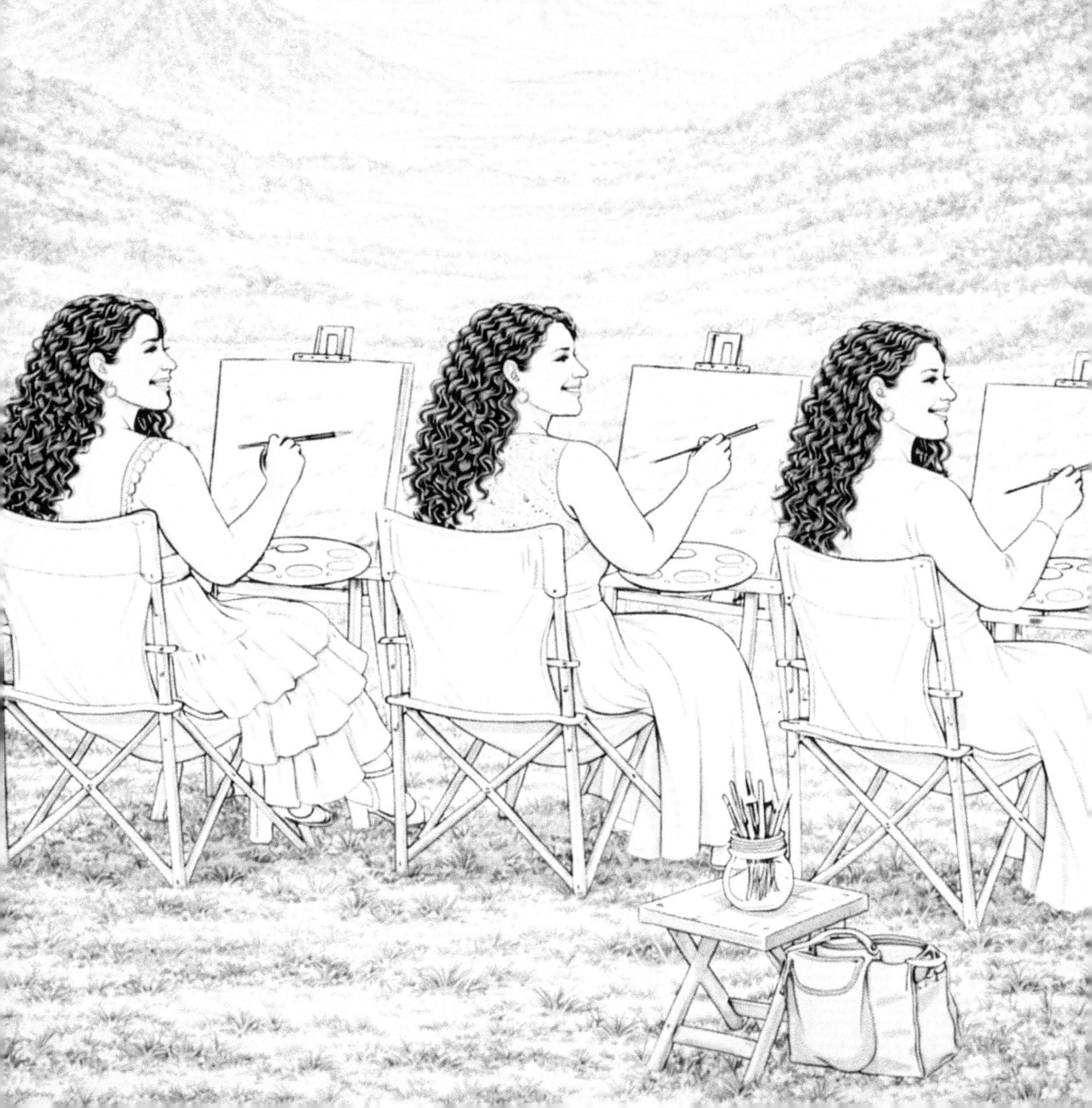

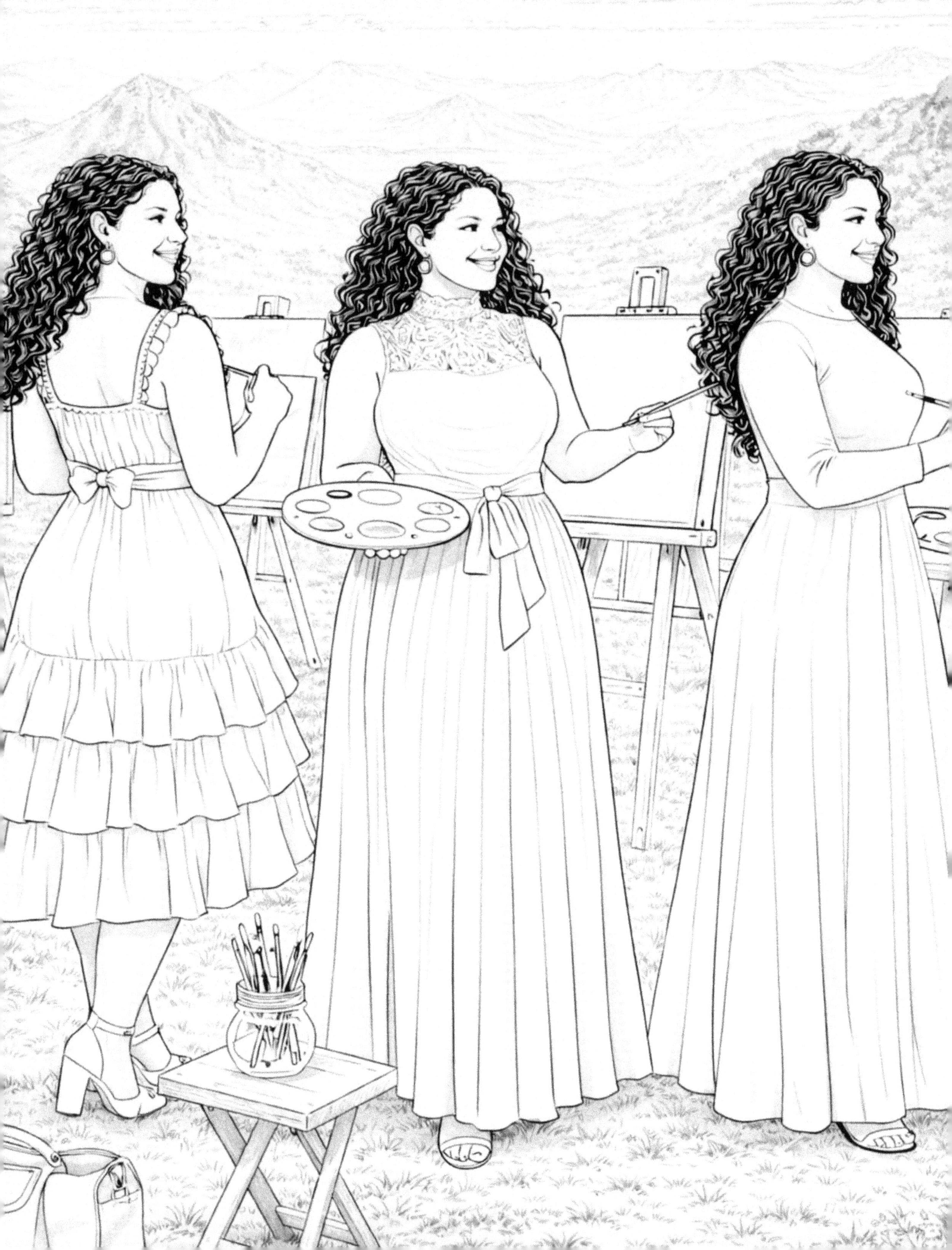

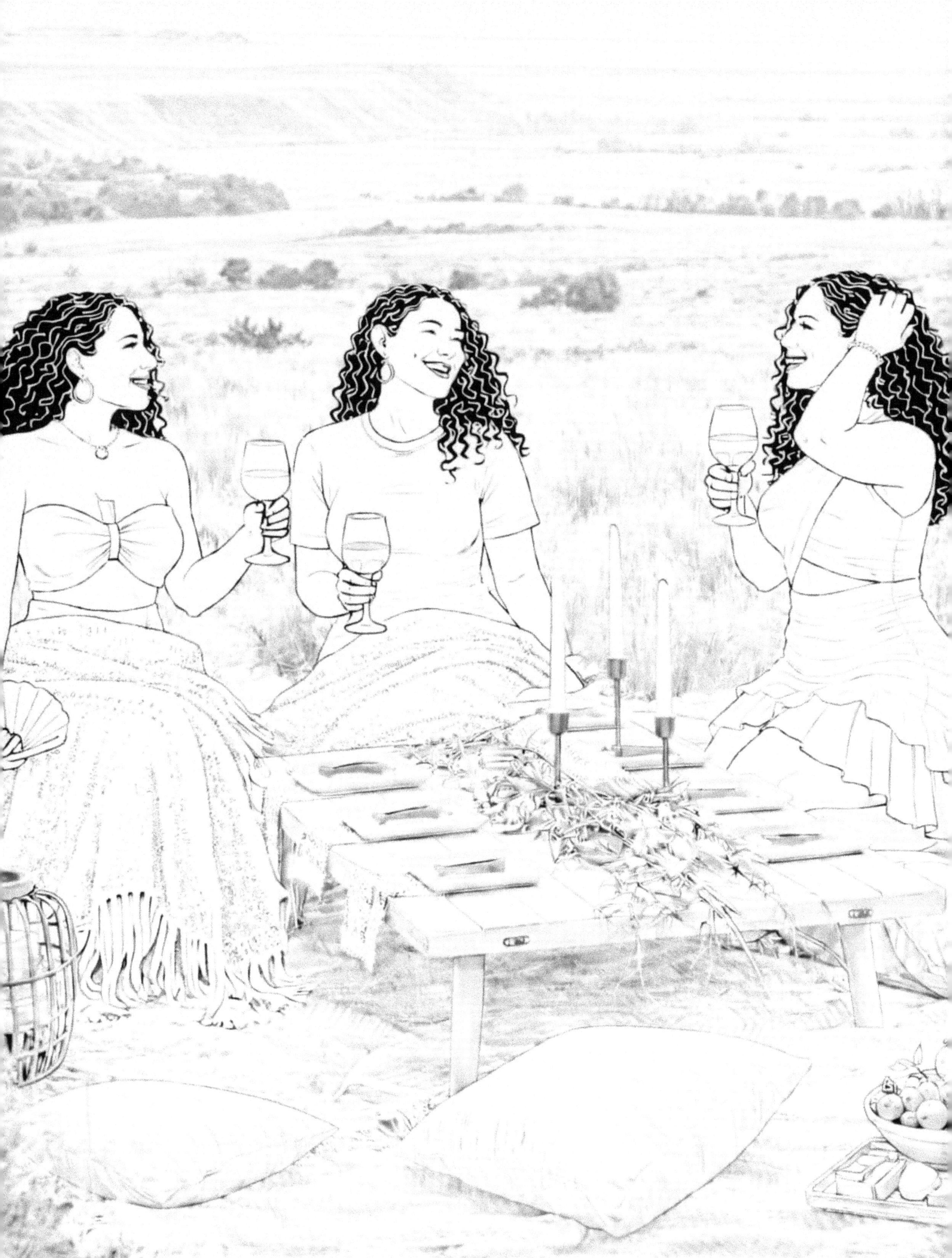

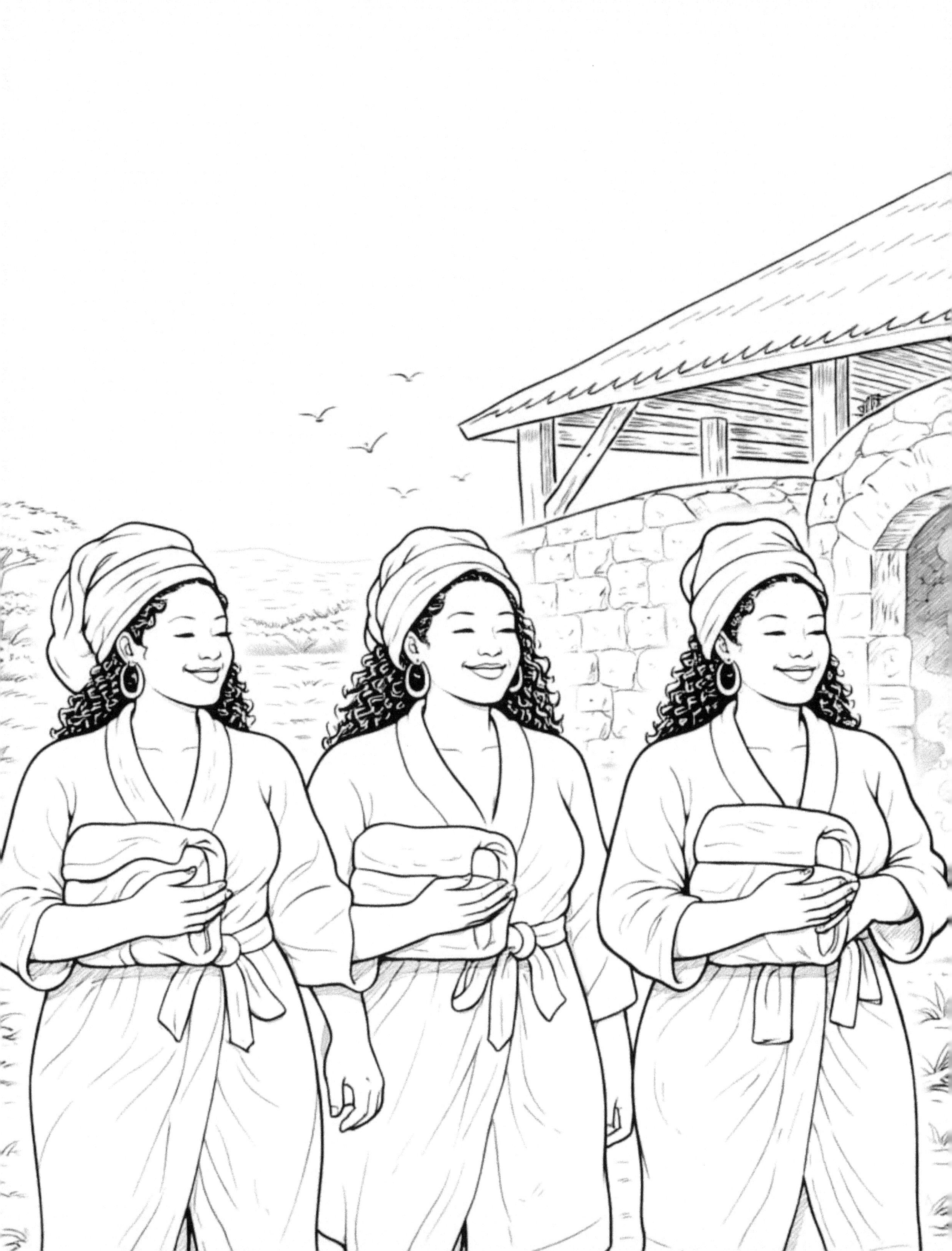

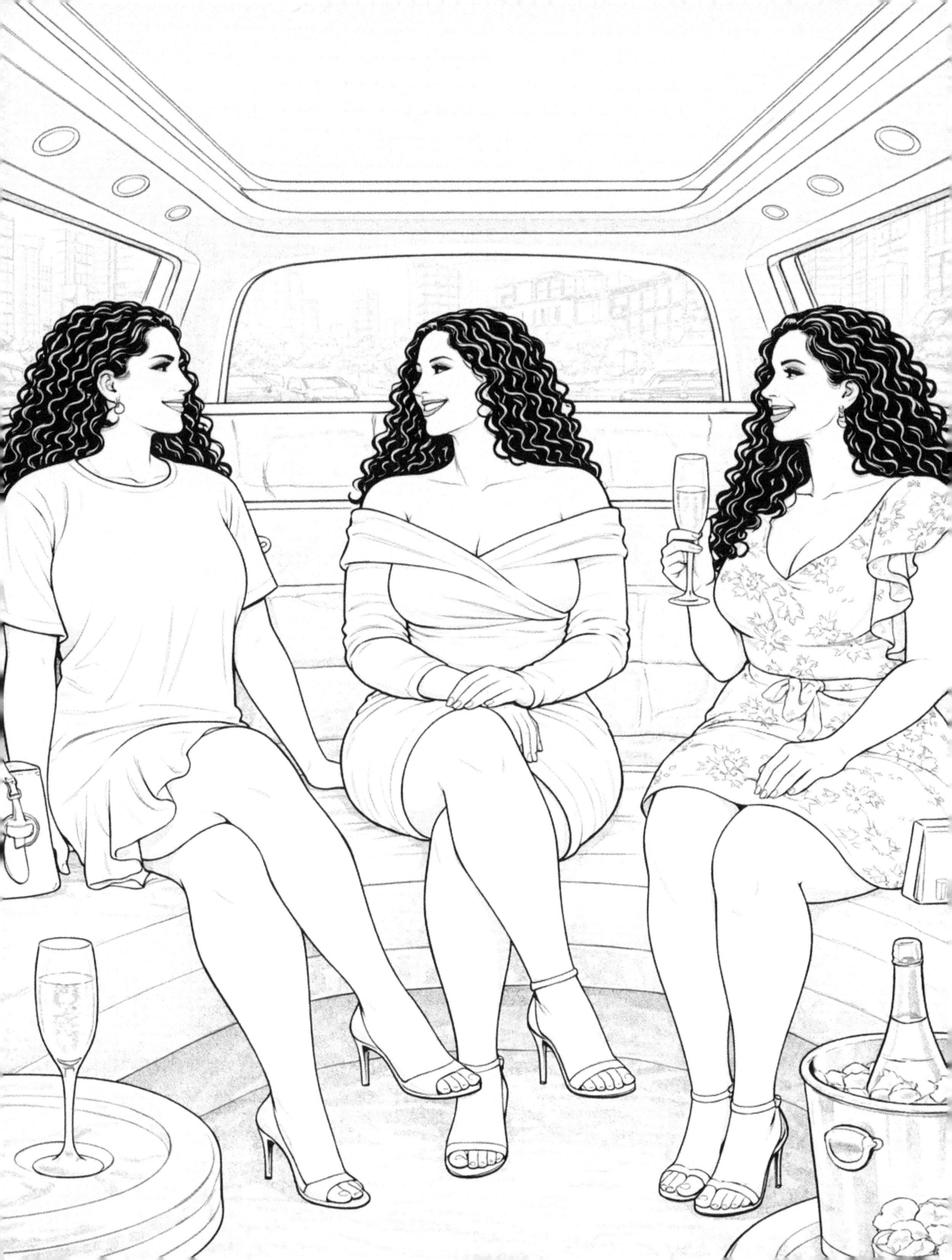

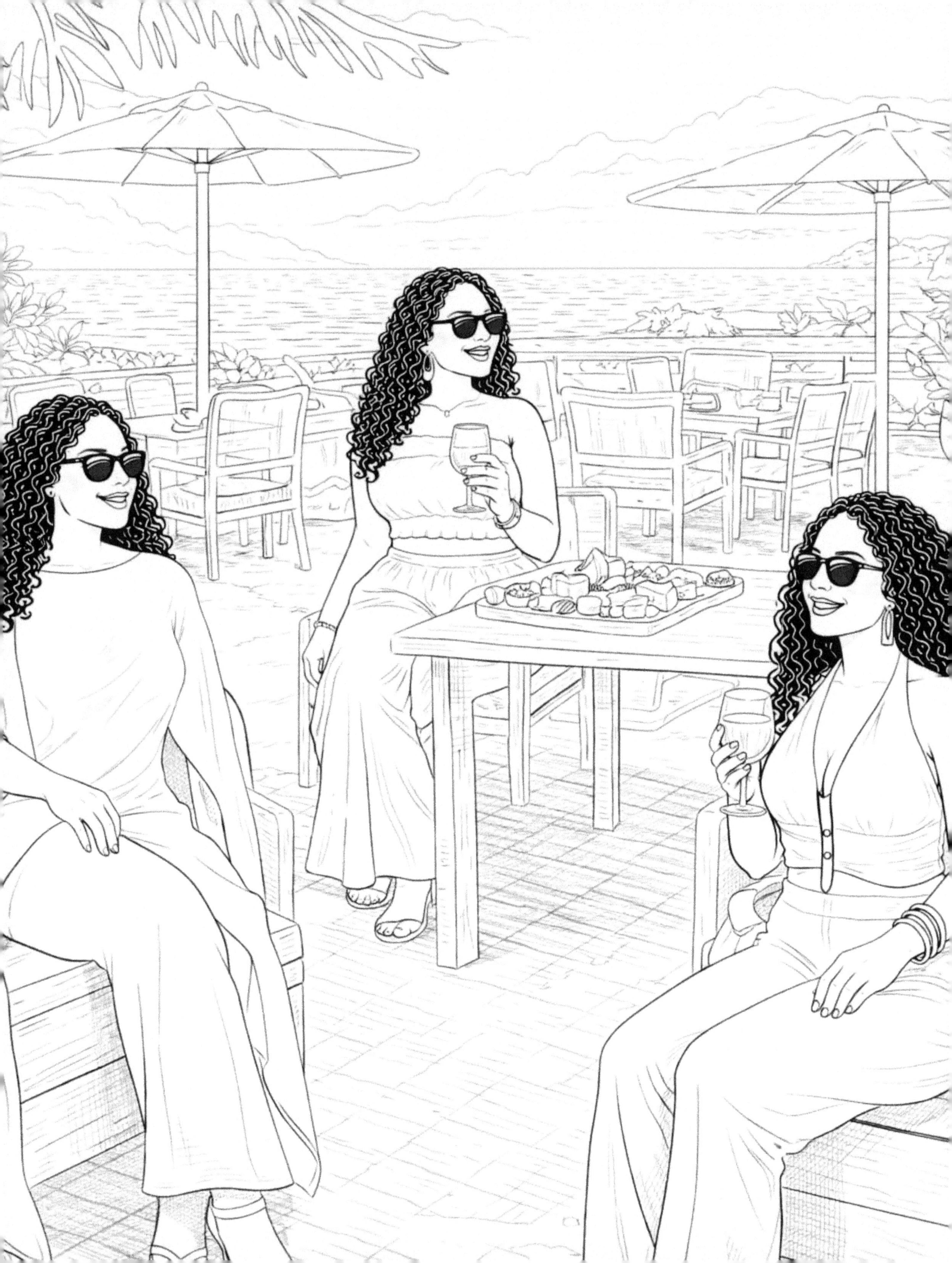

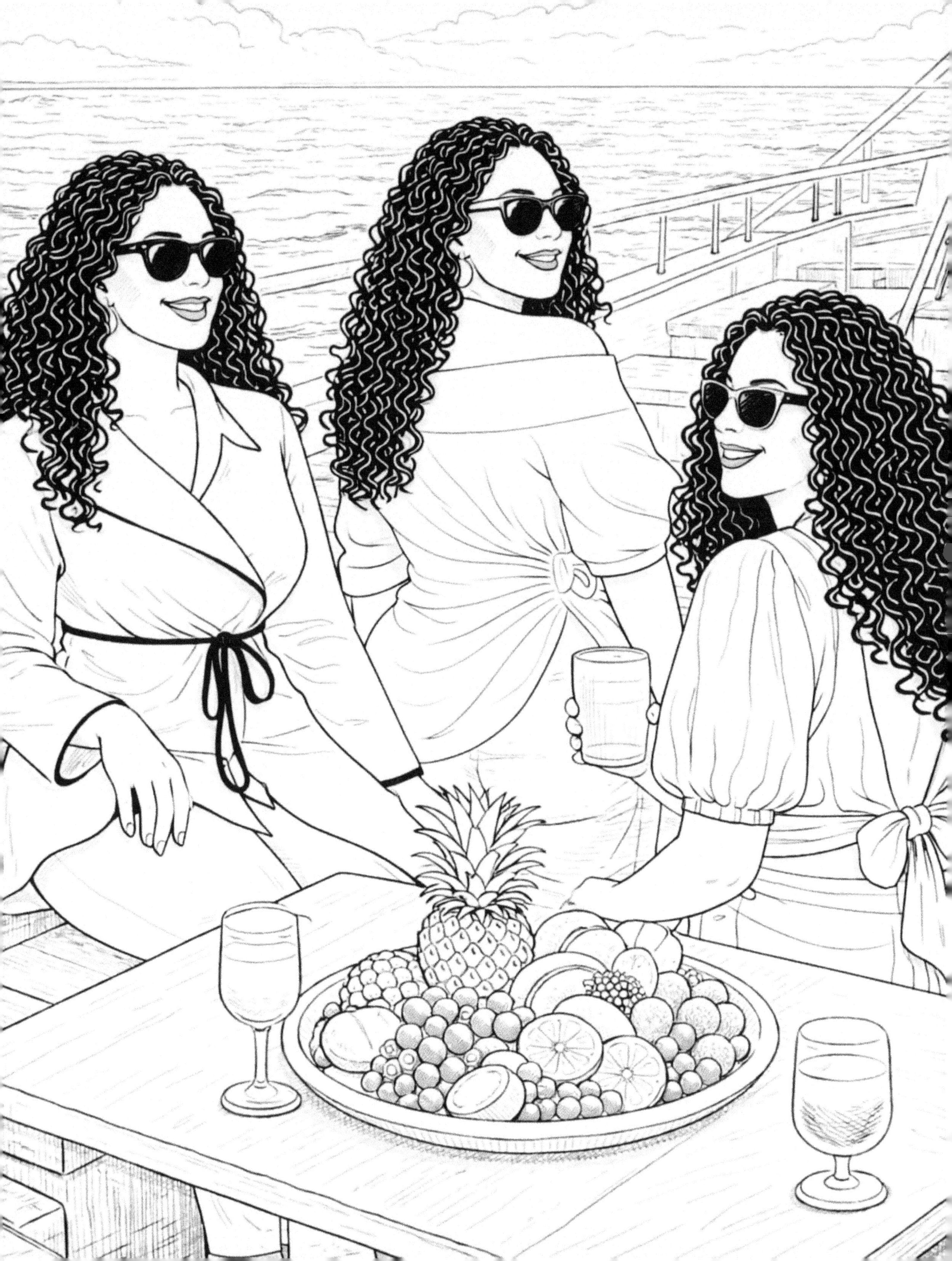

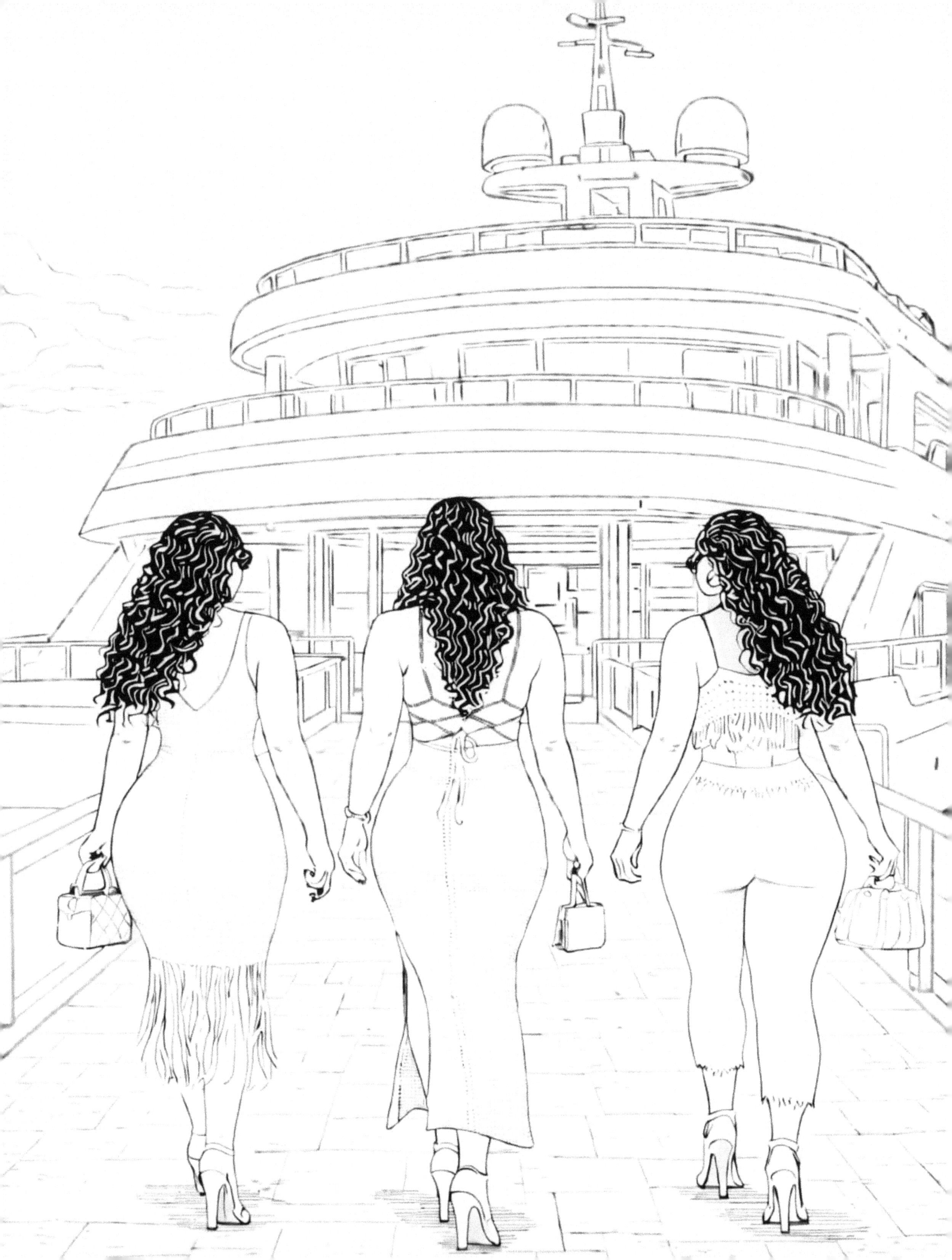

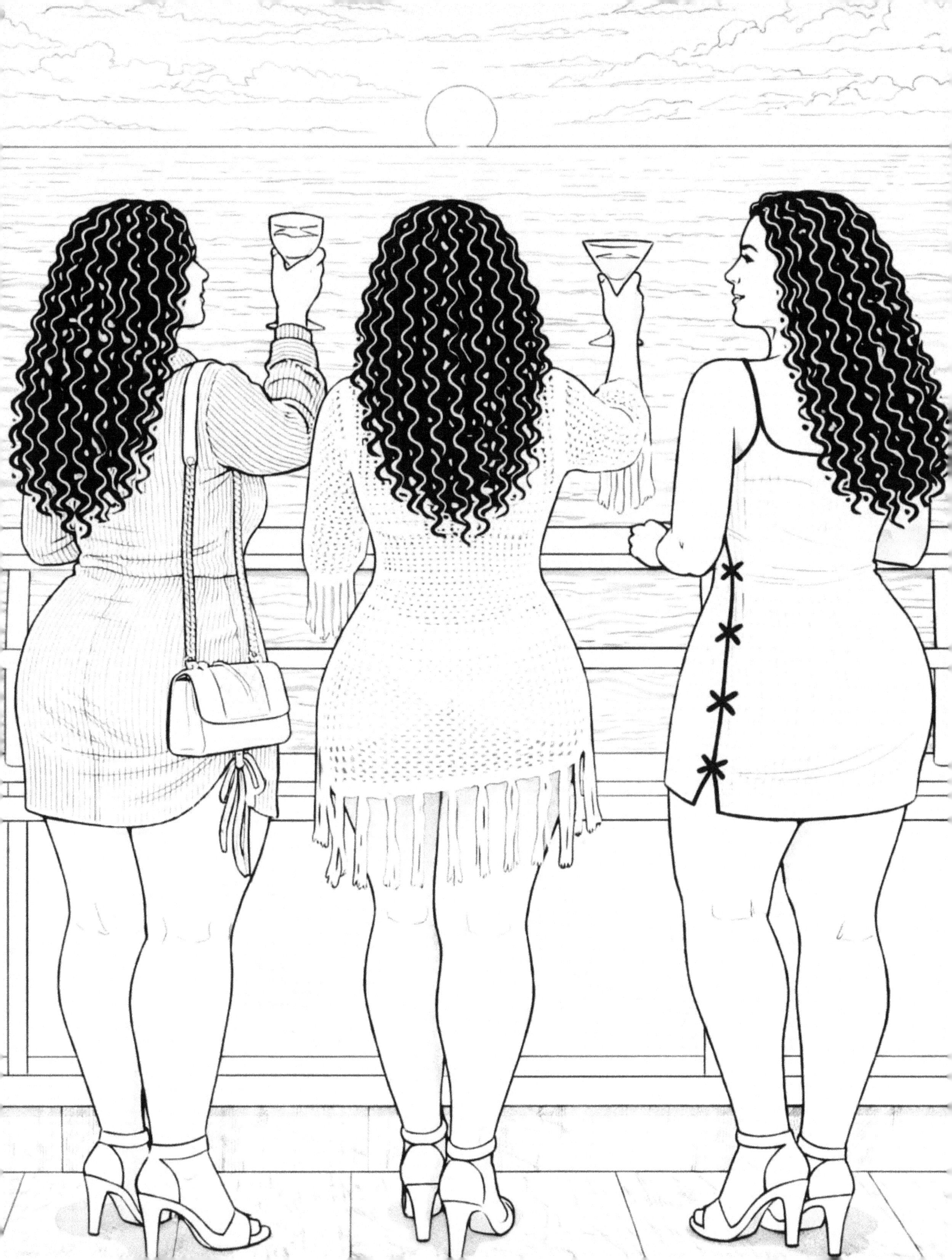

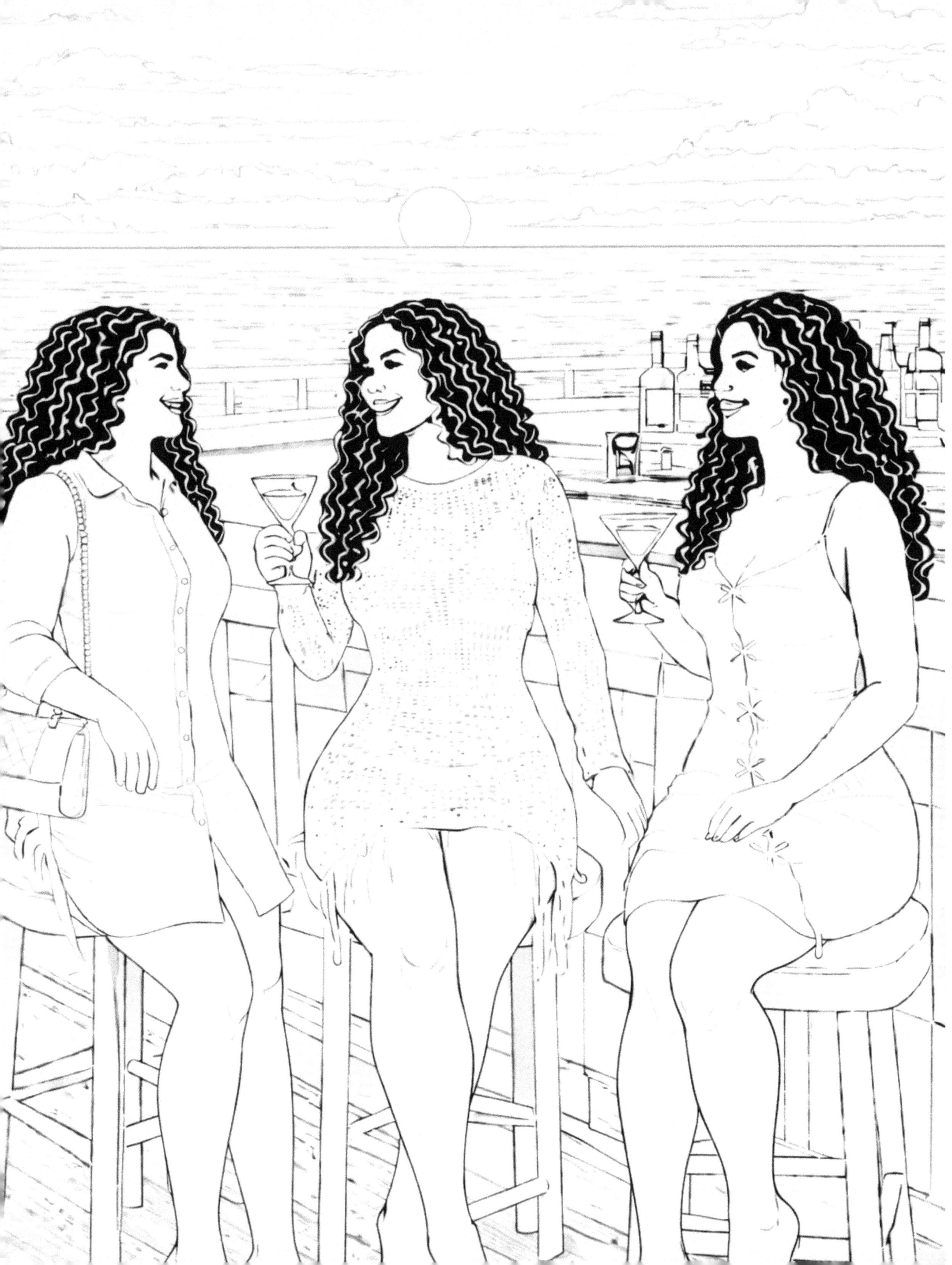

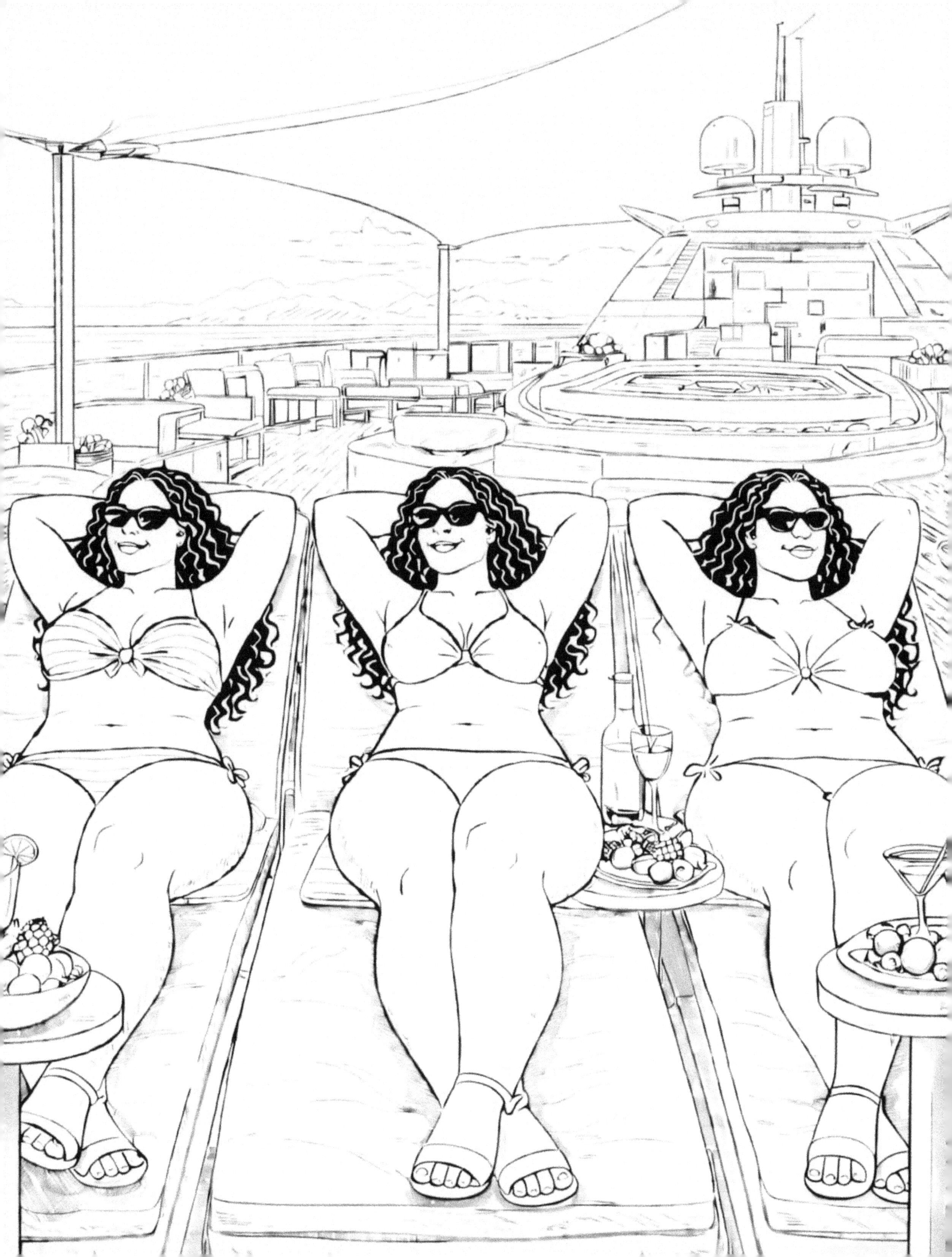

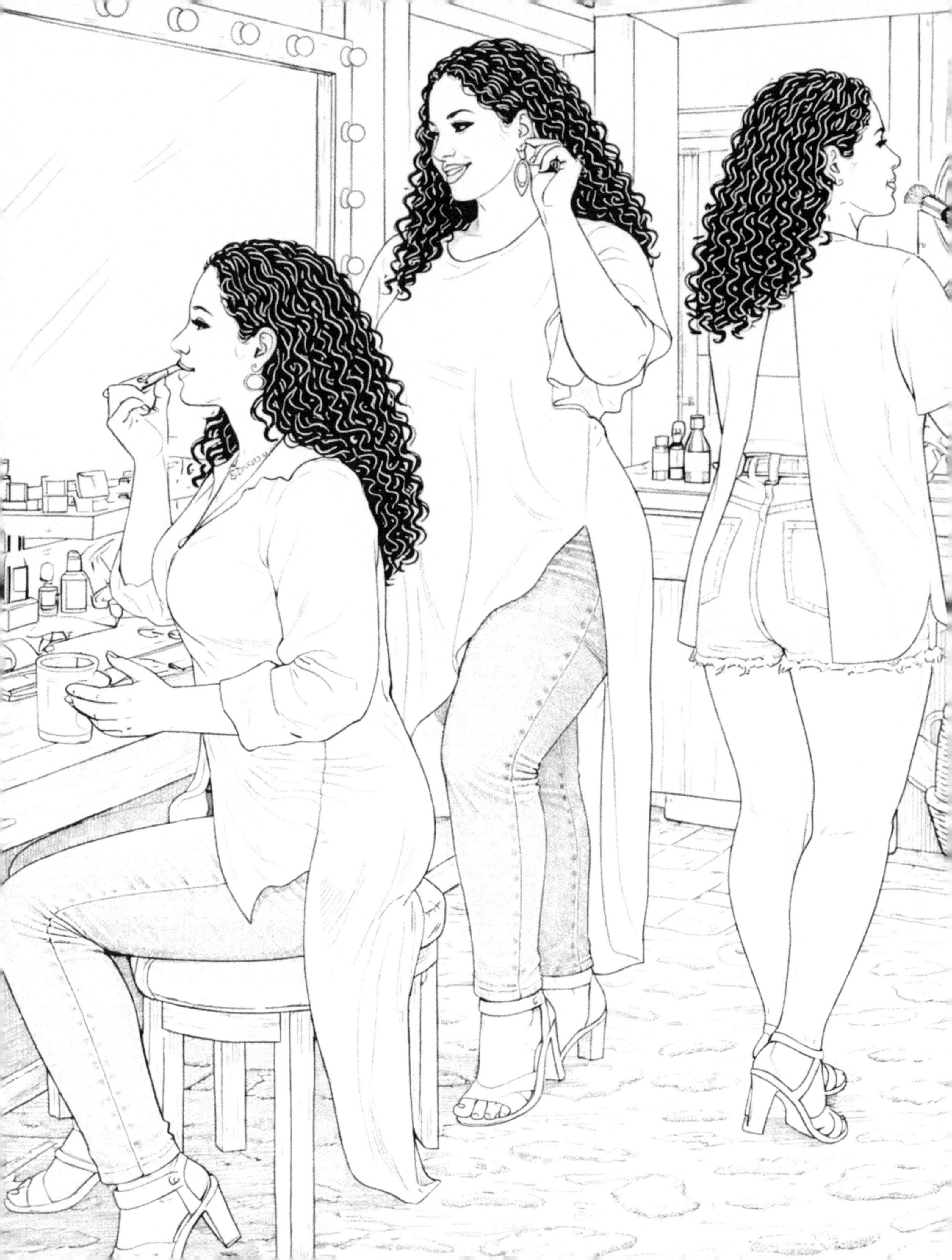

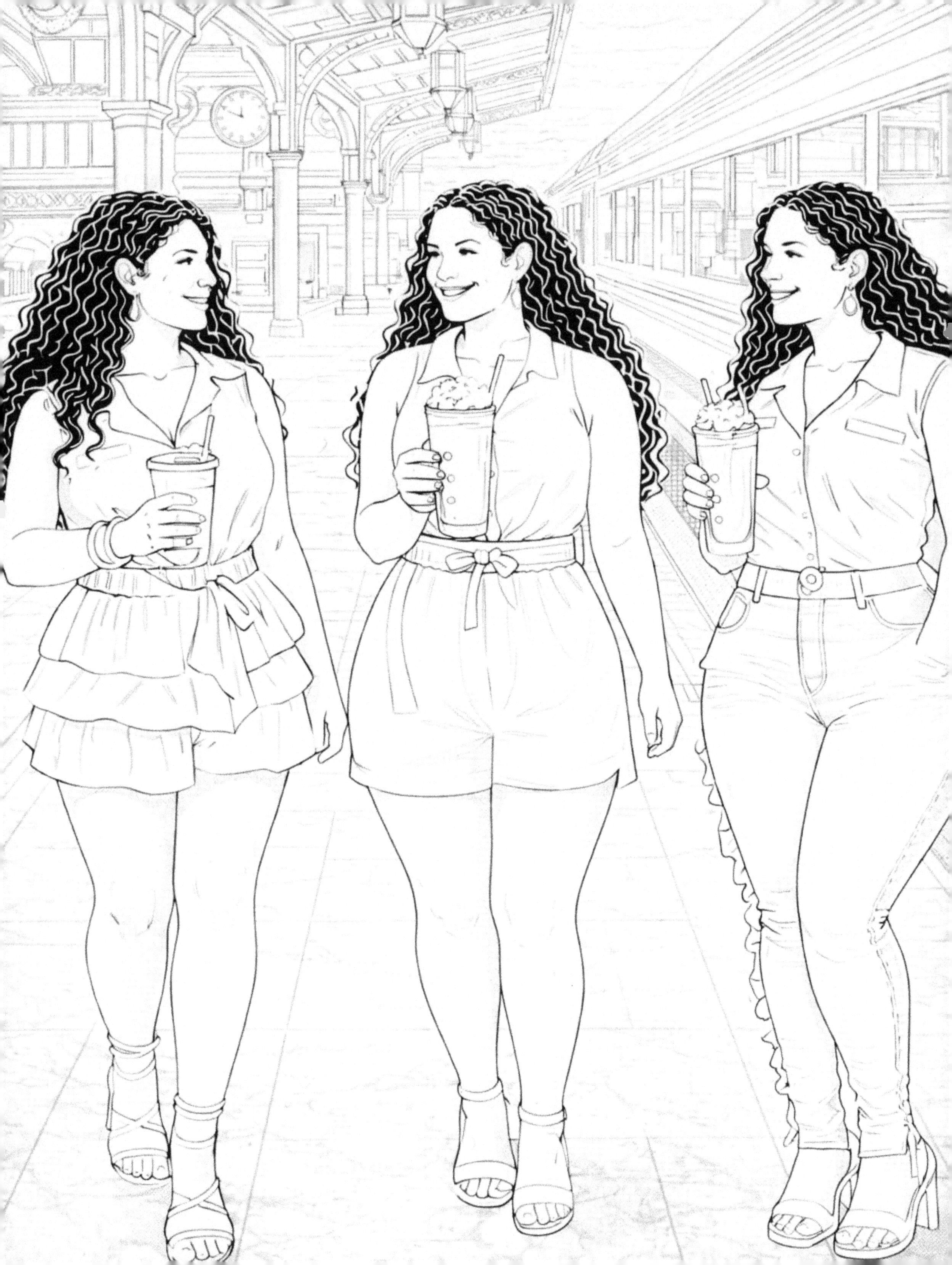

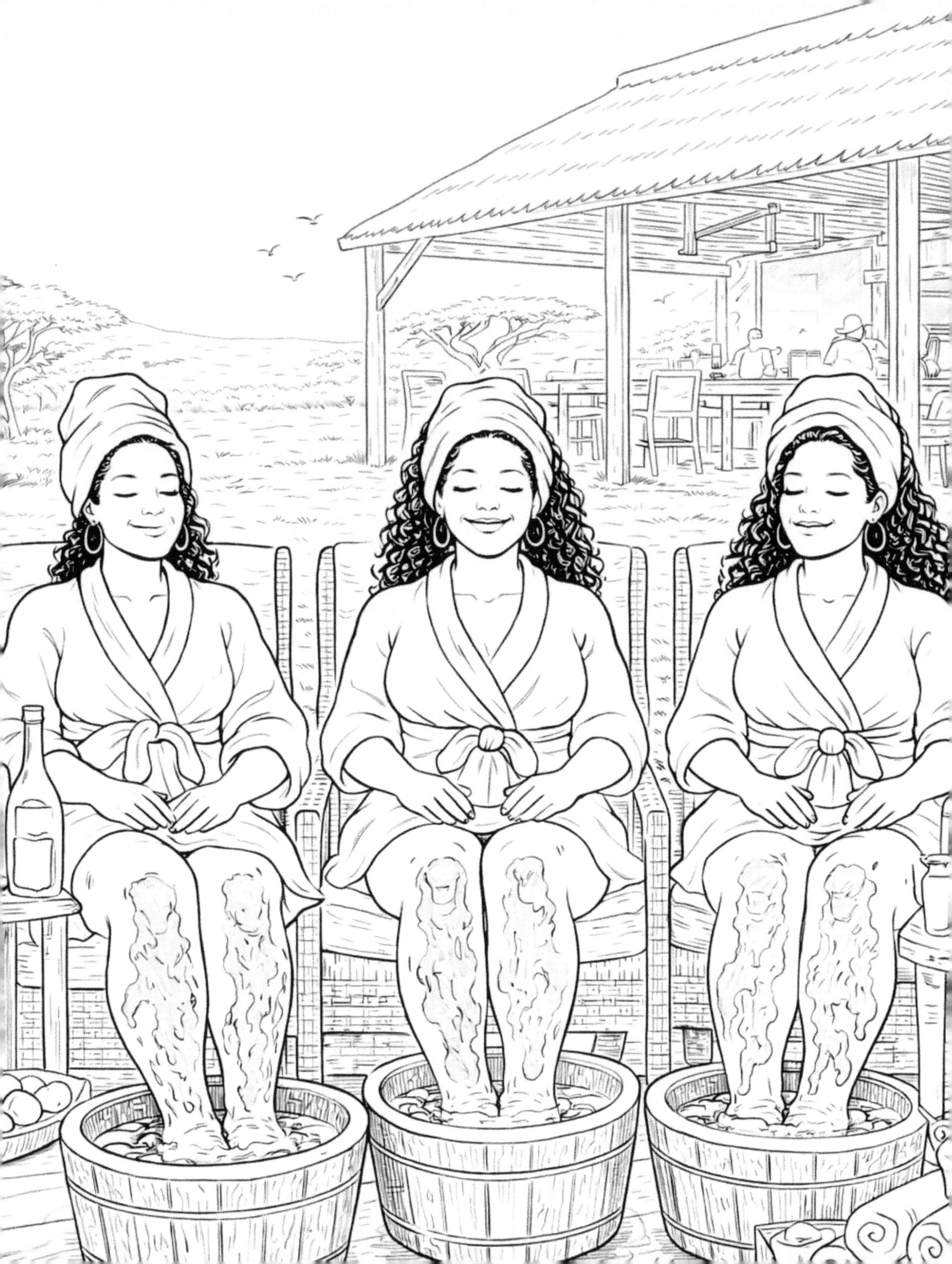

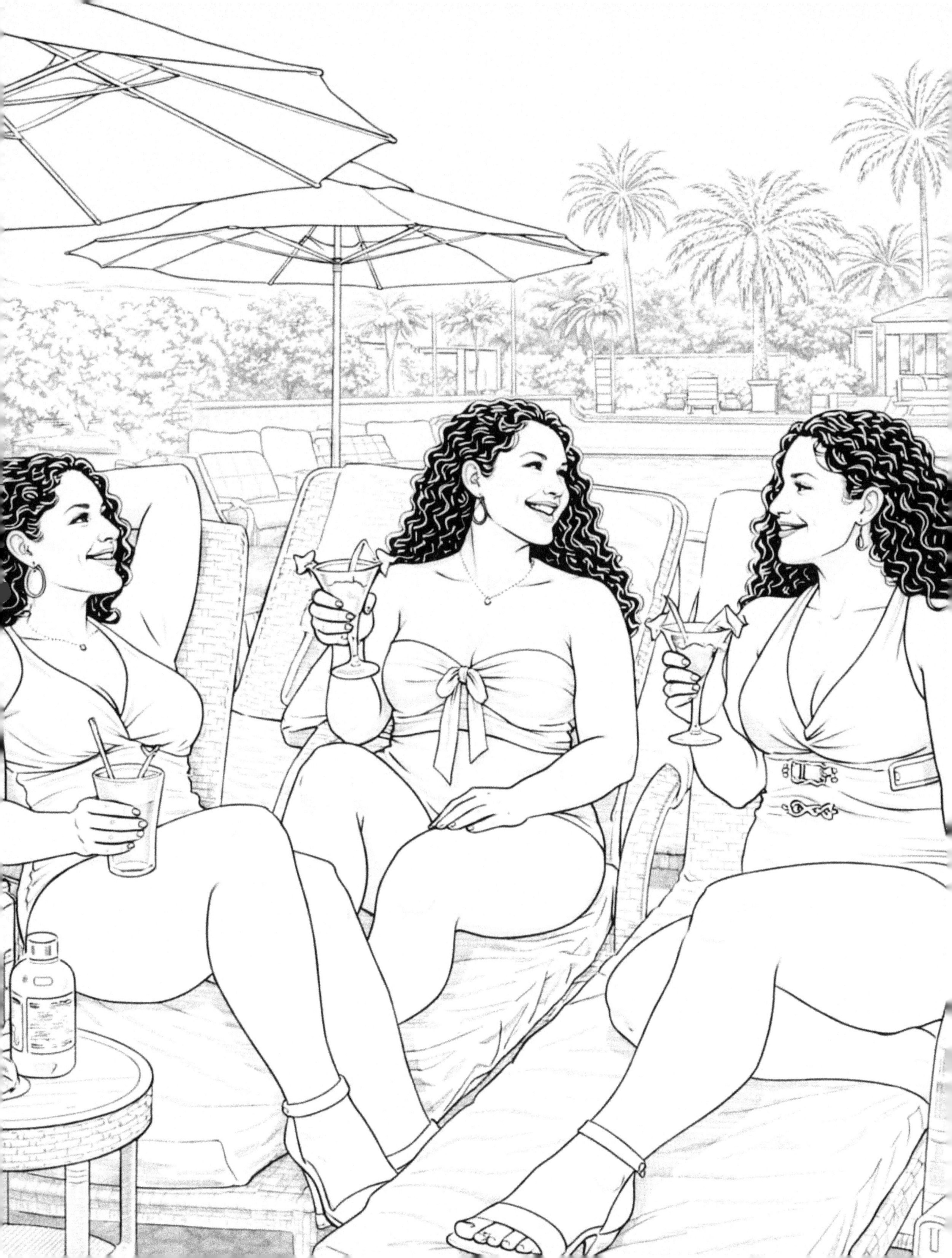

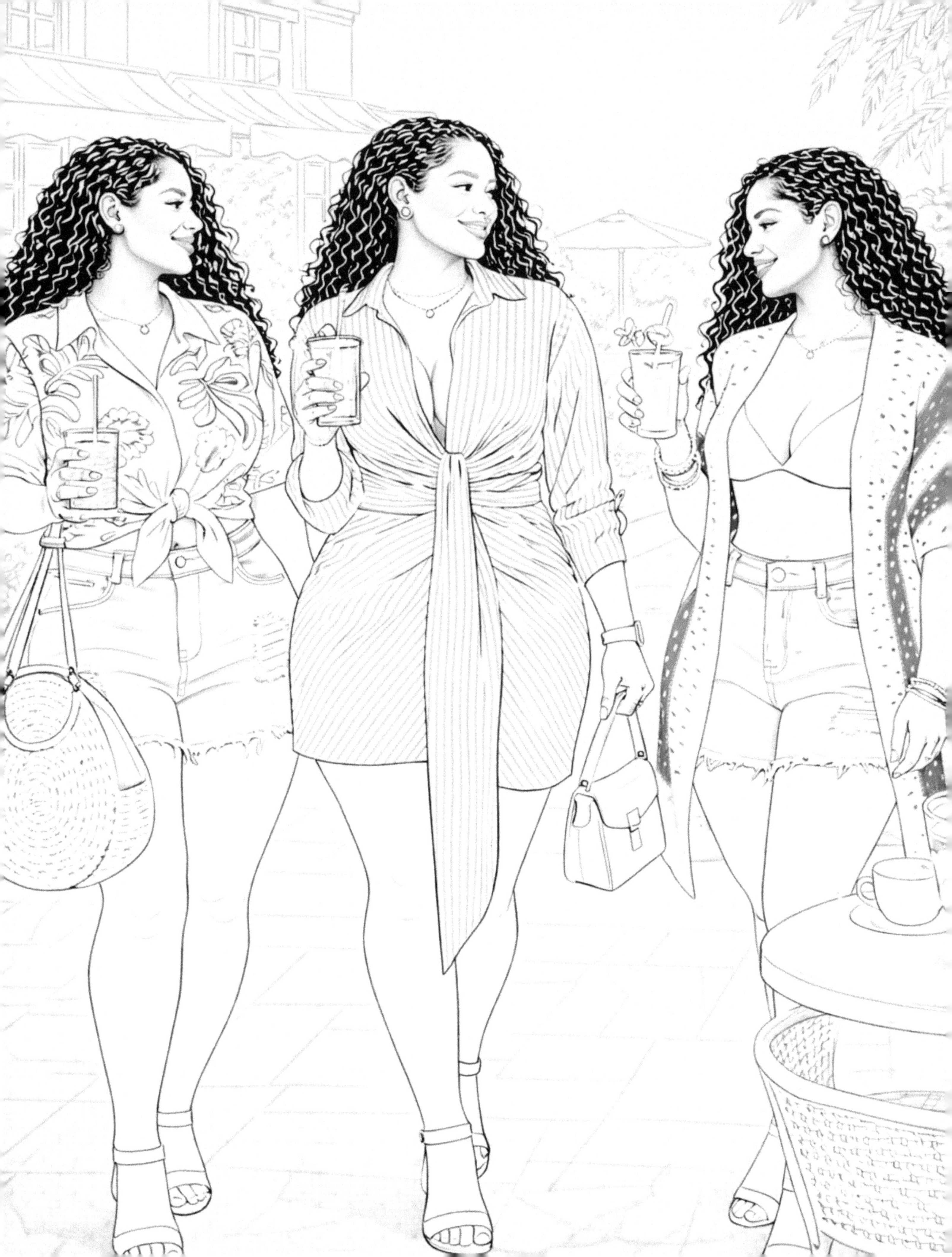

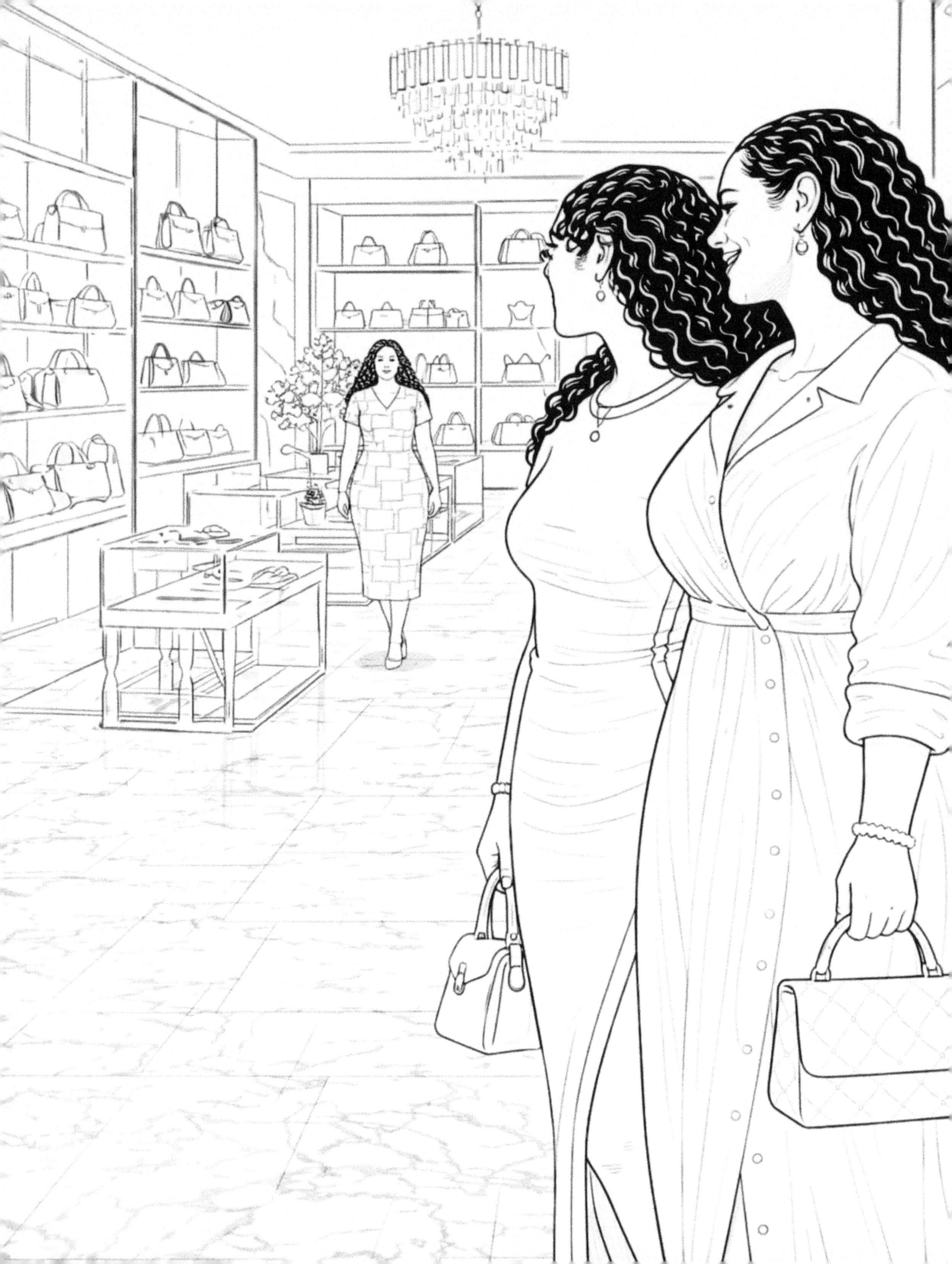

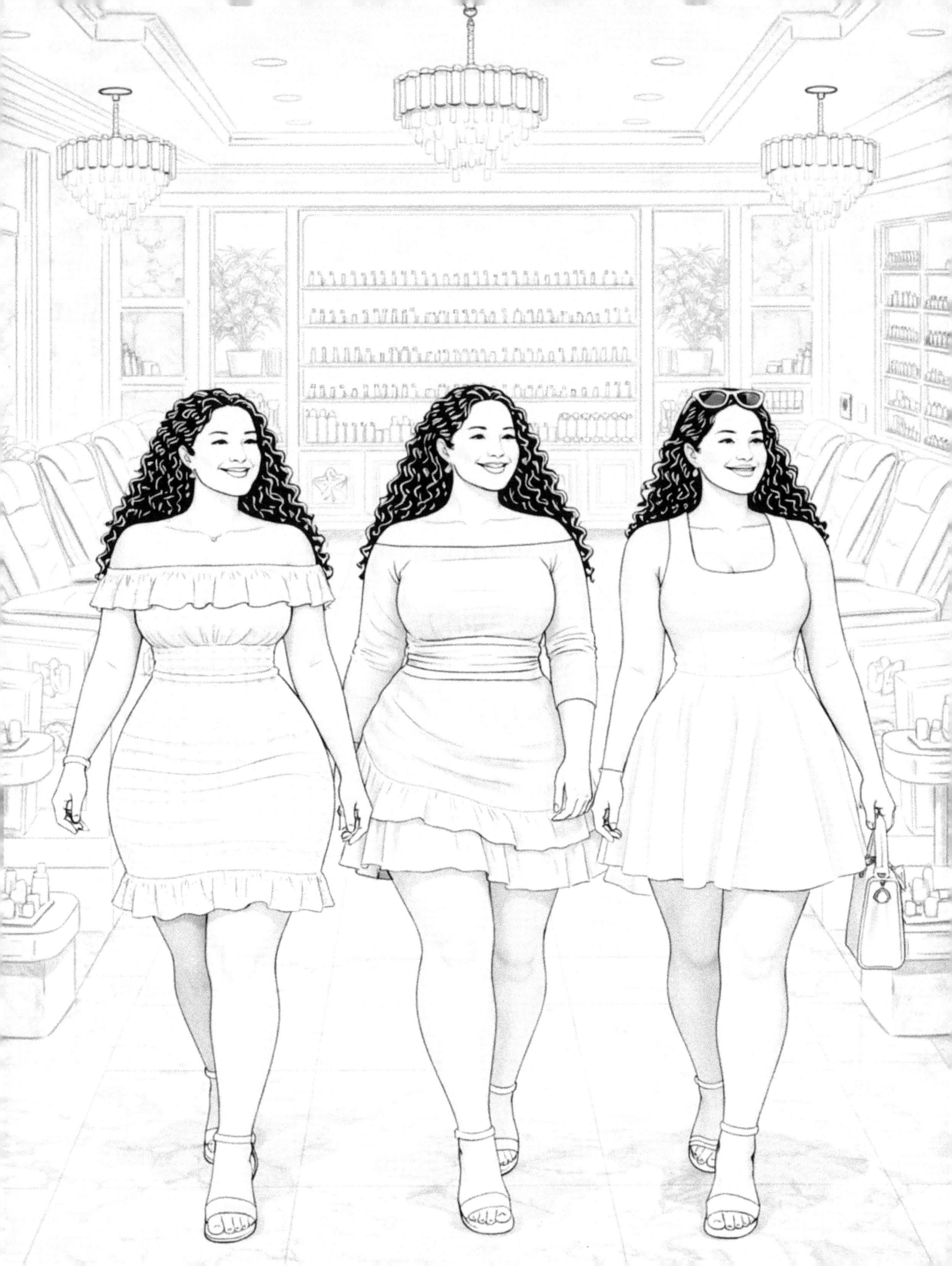

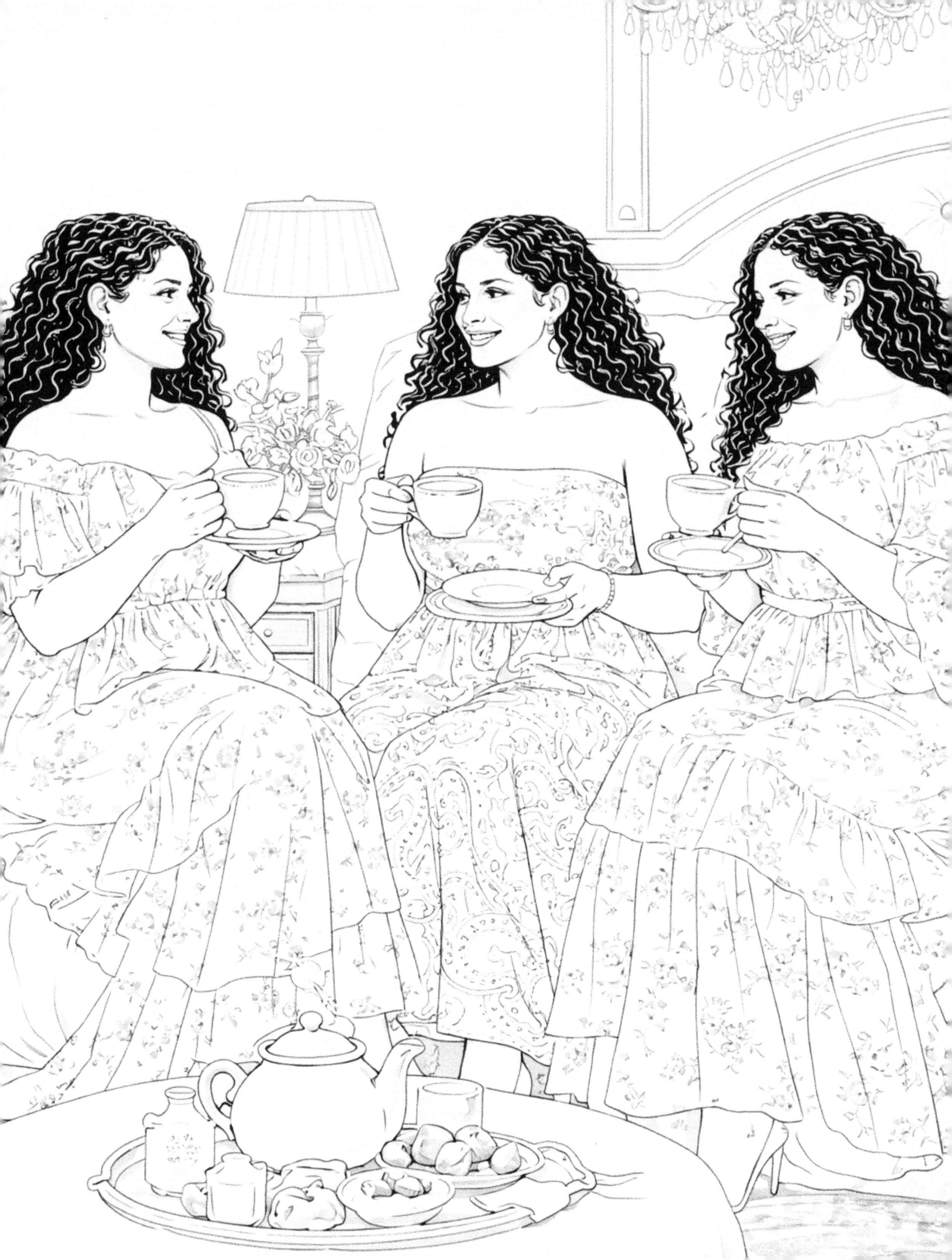

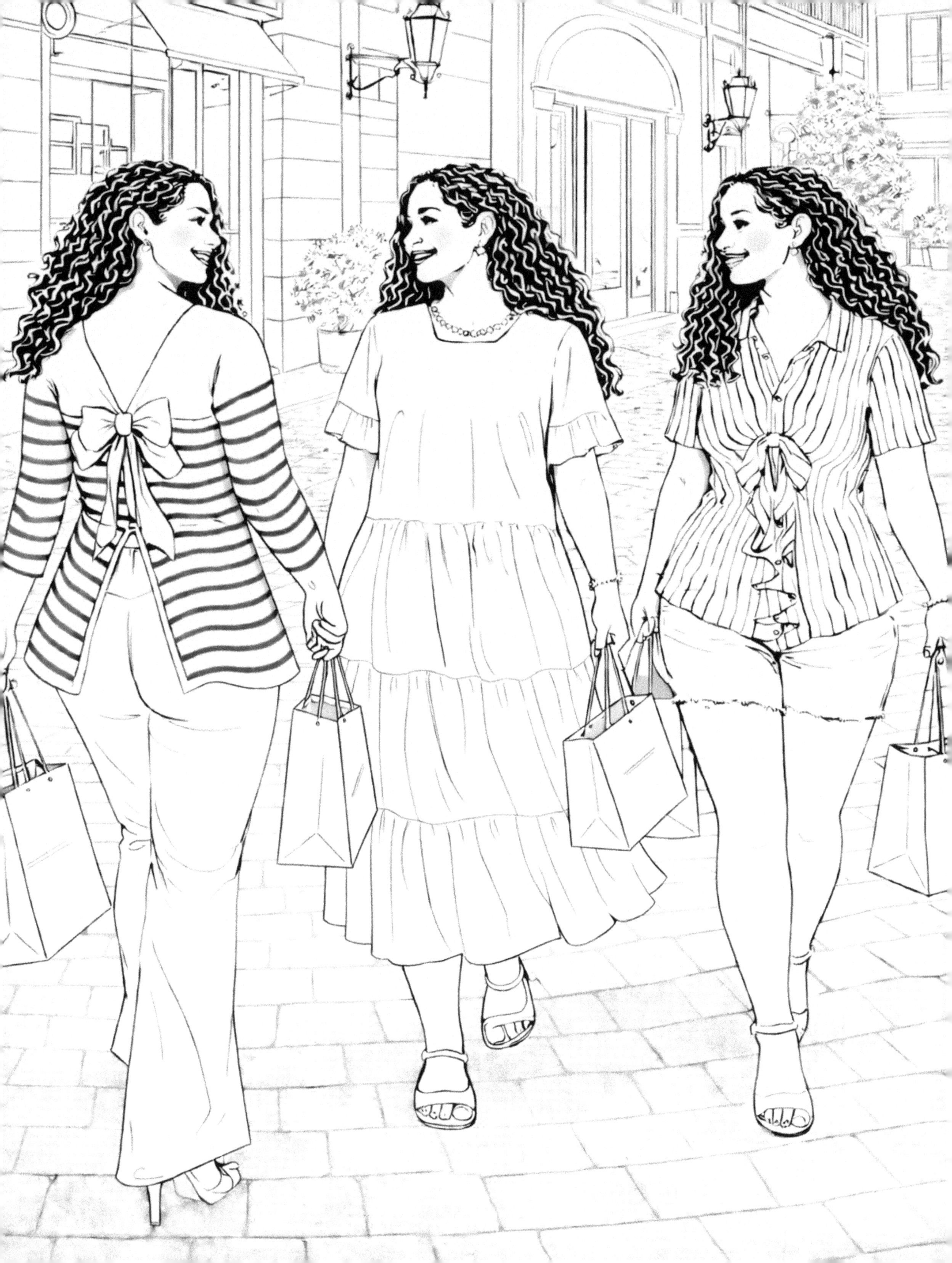

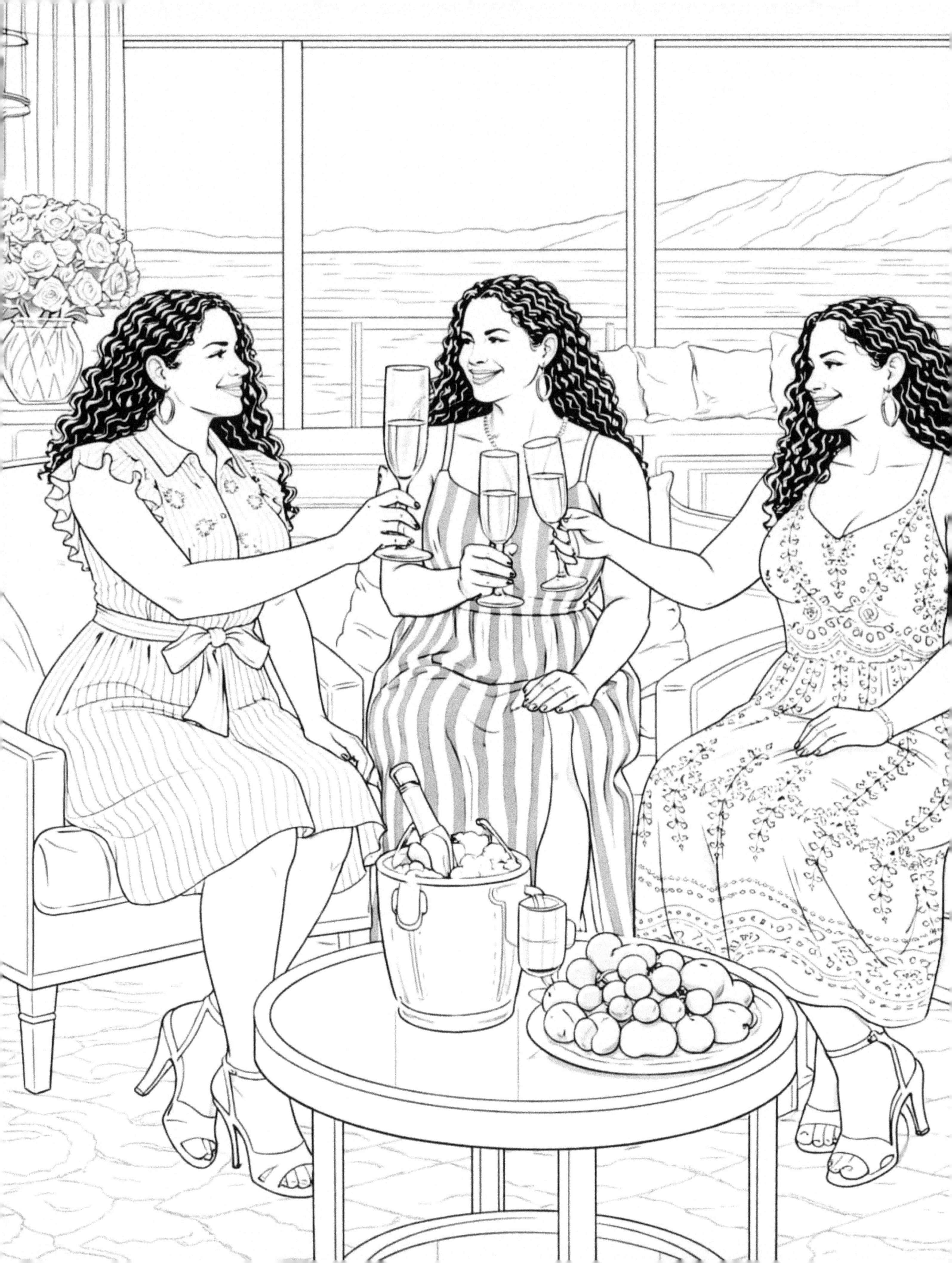

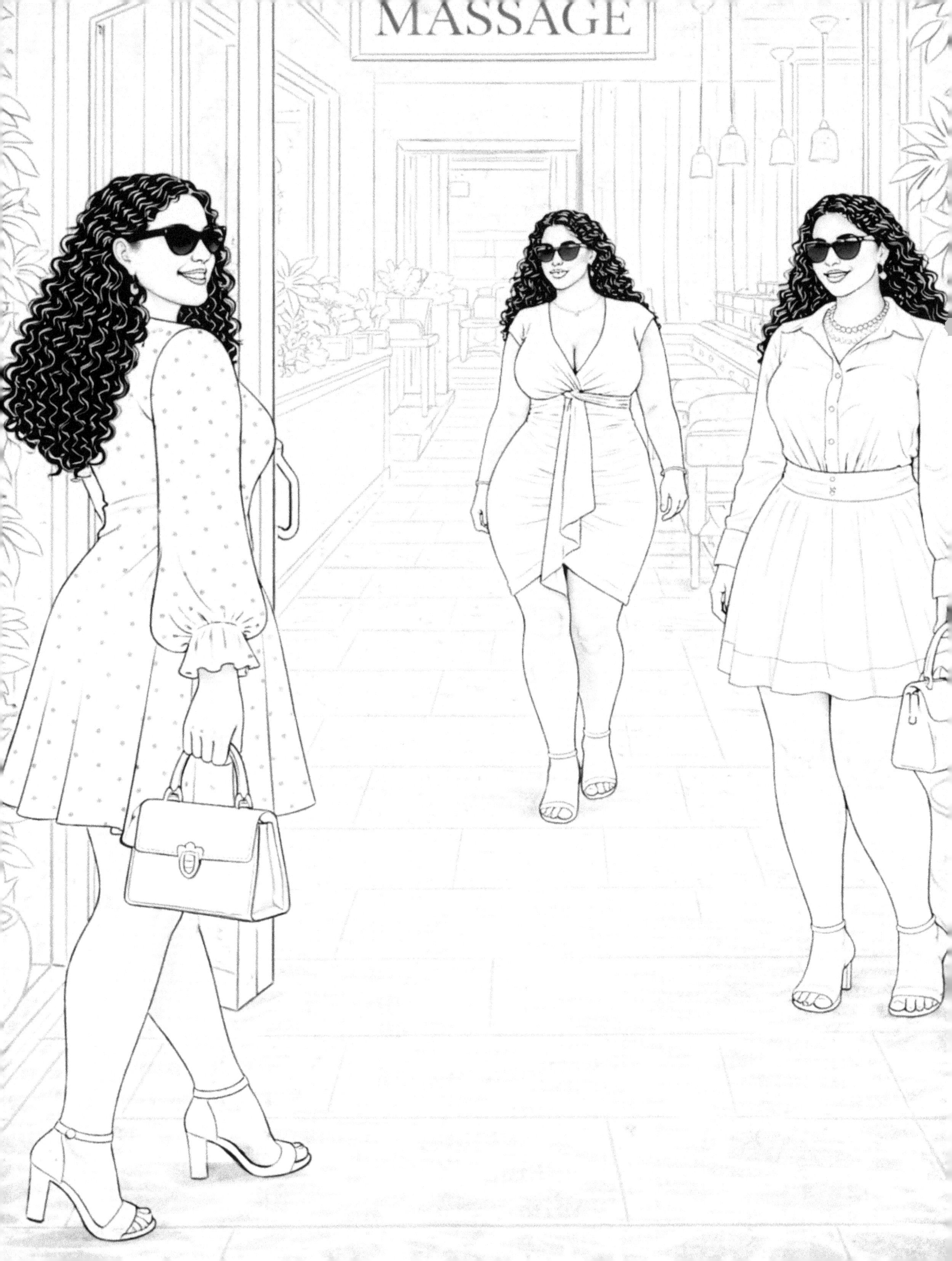

MASSAGE

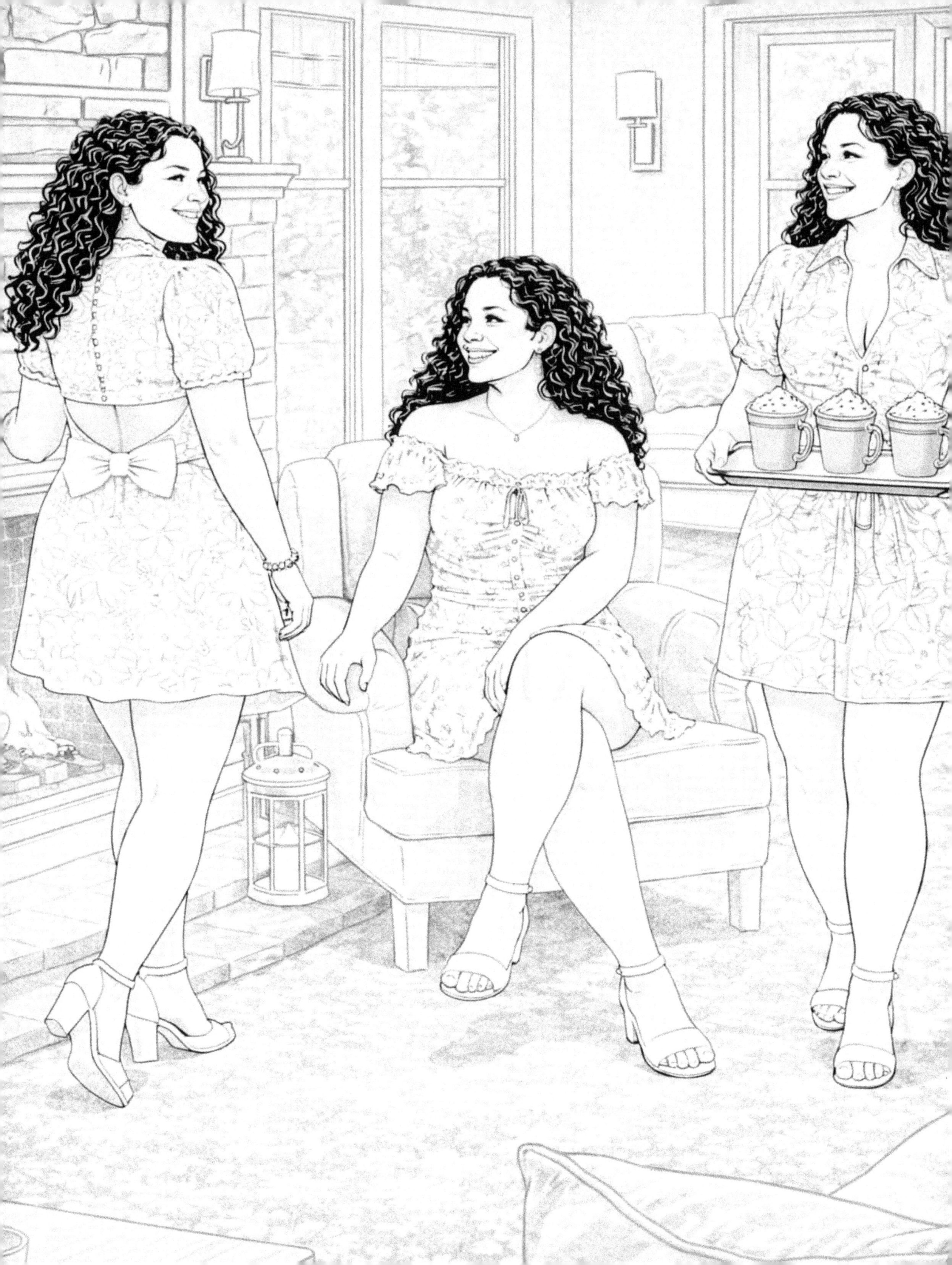

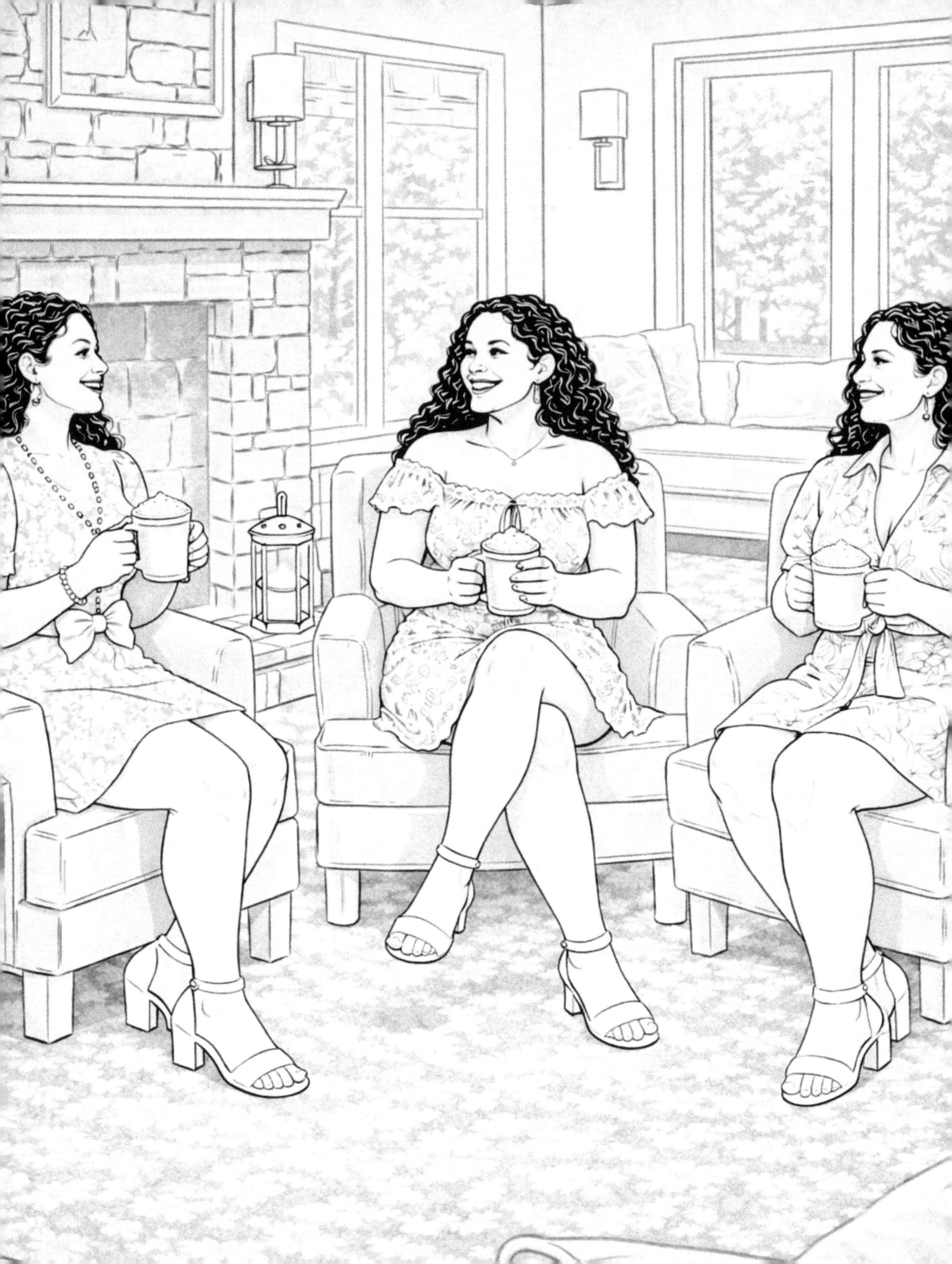

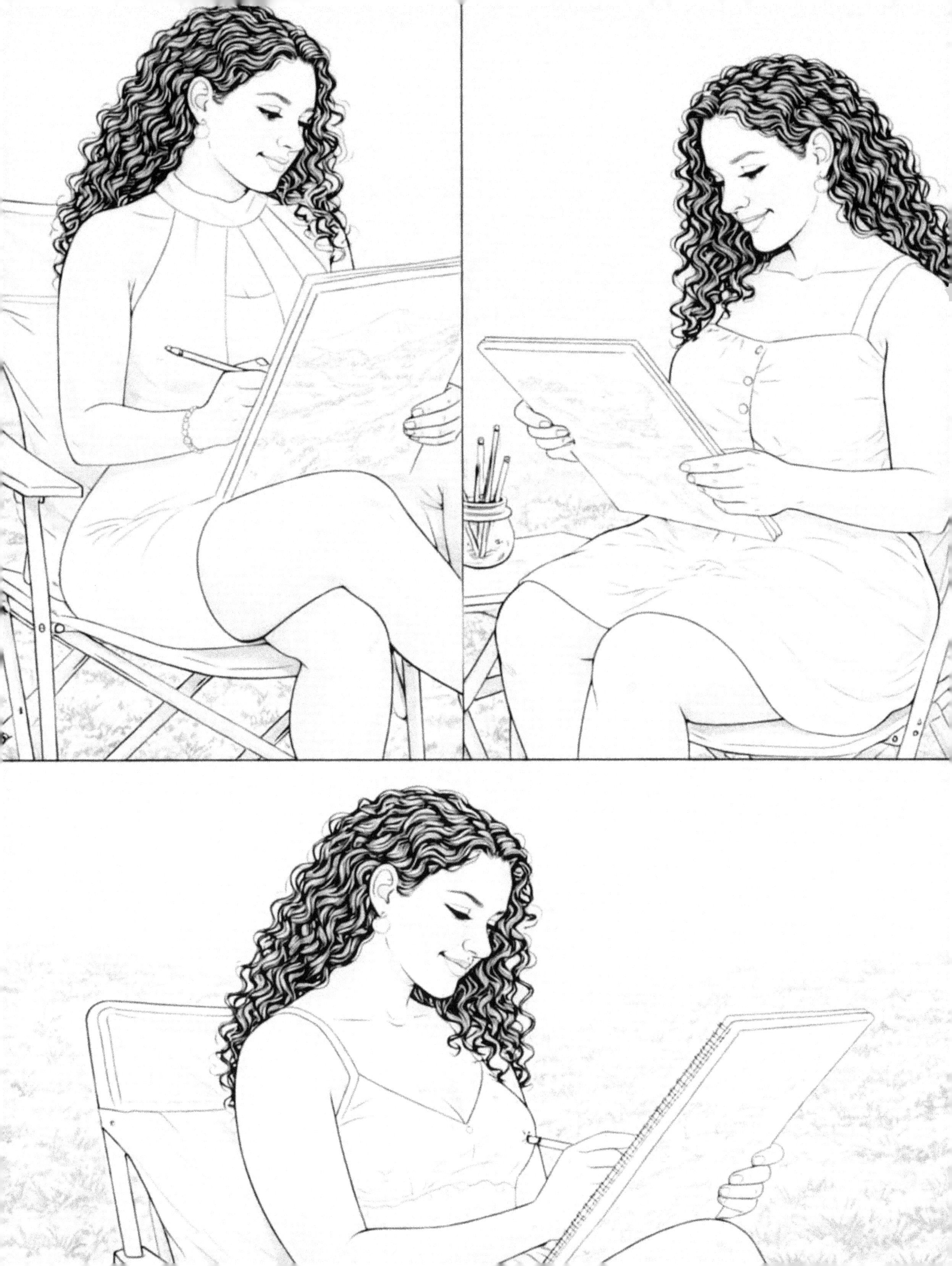

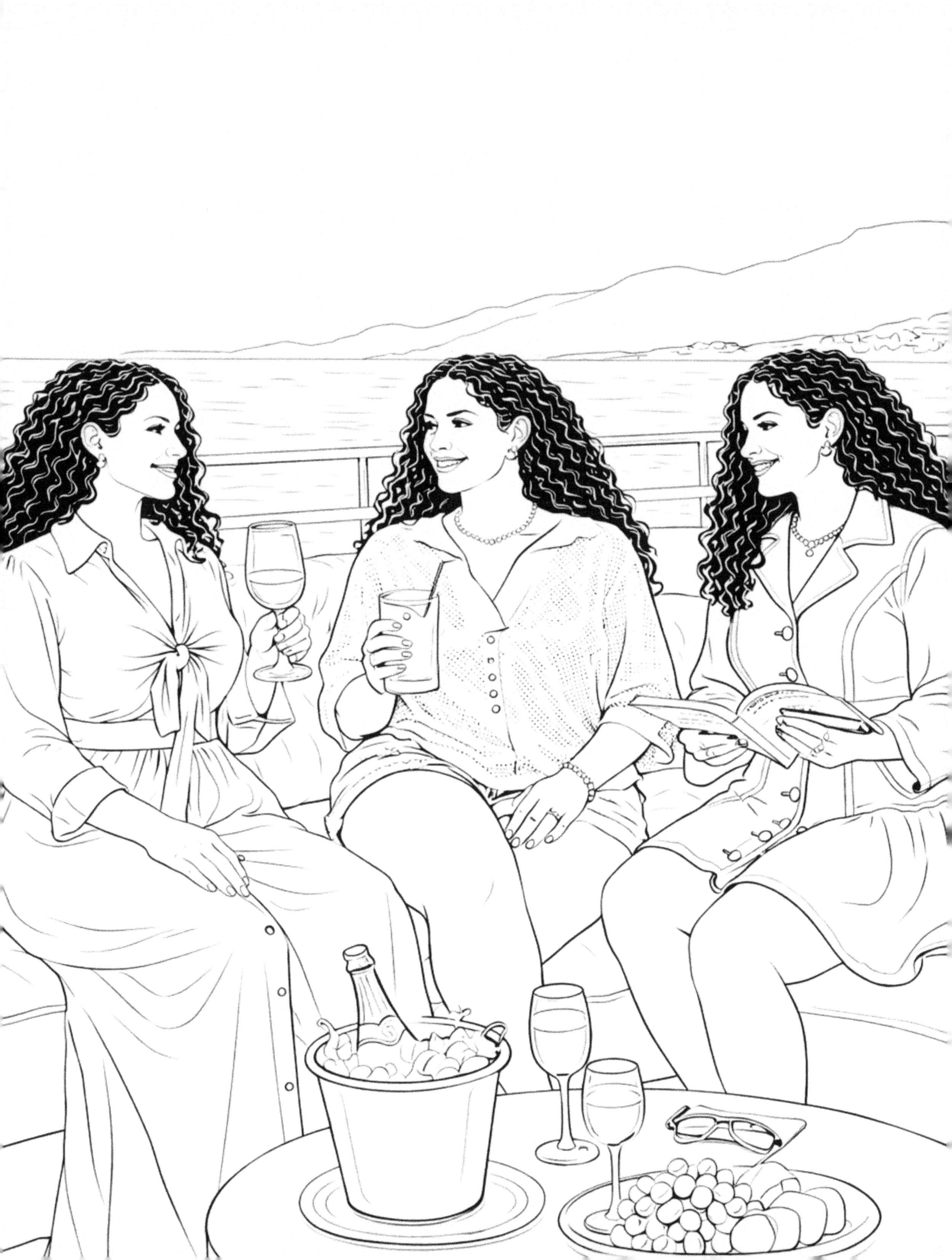

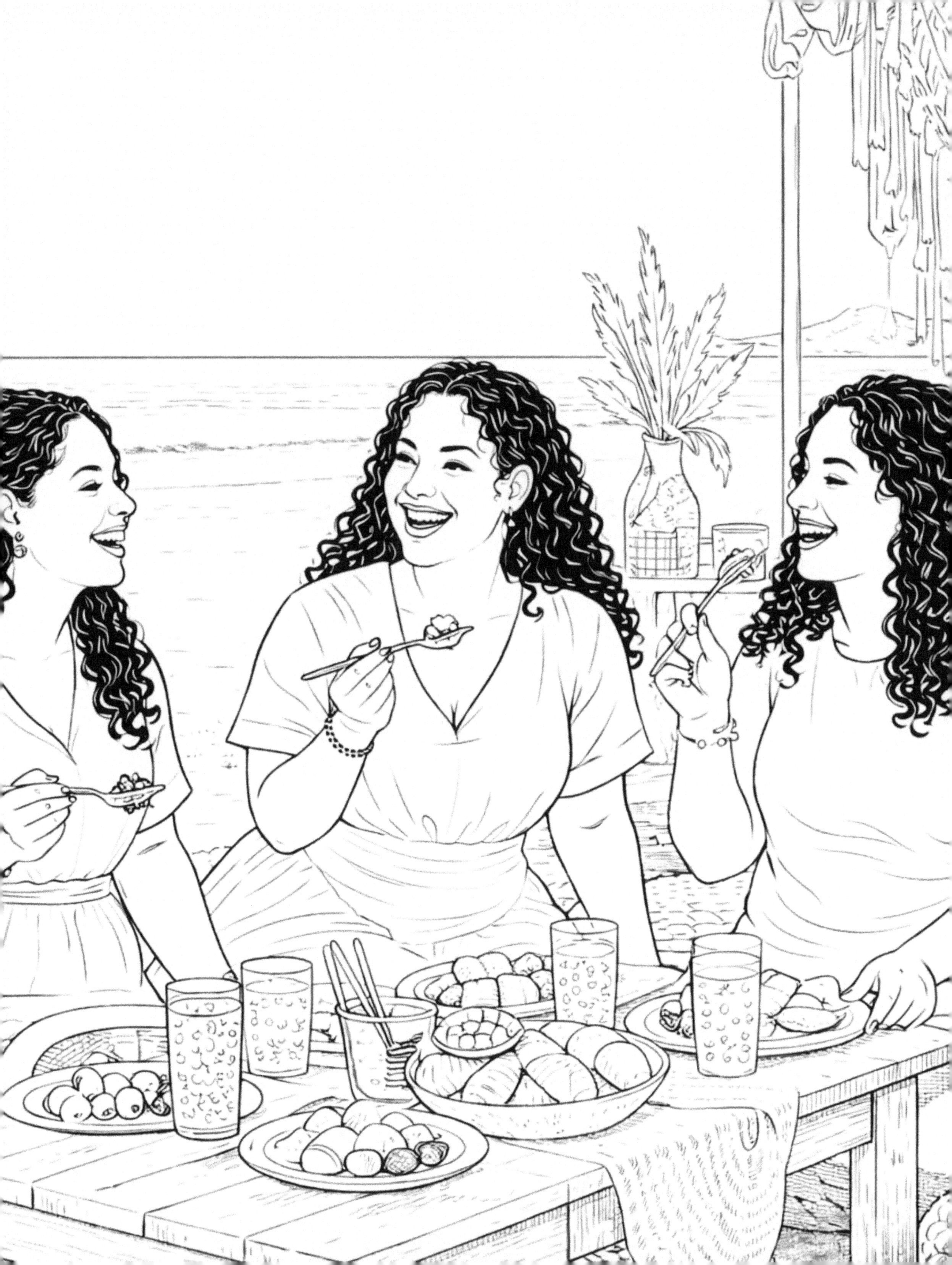

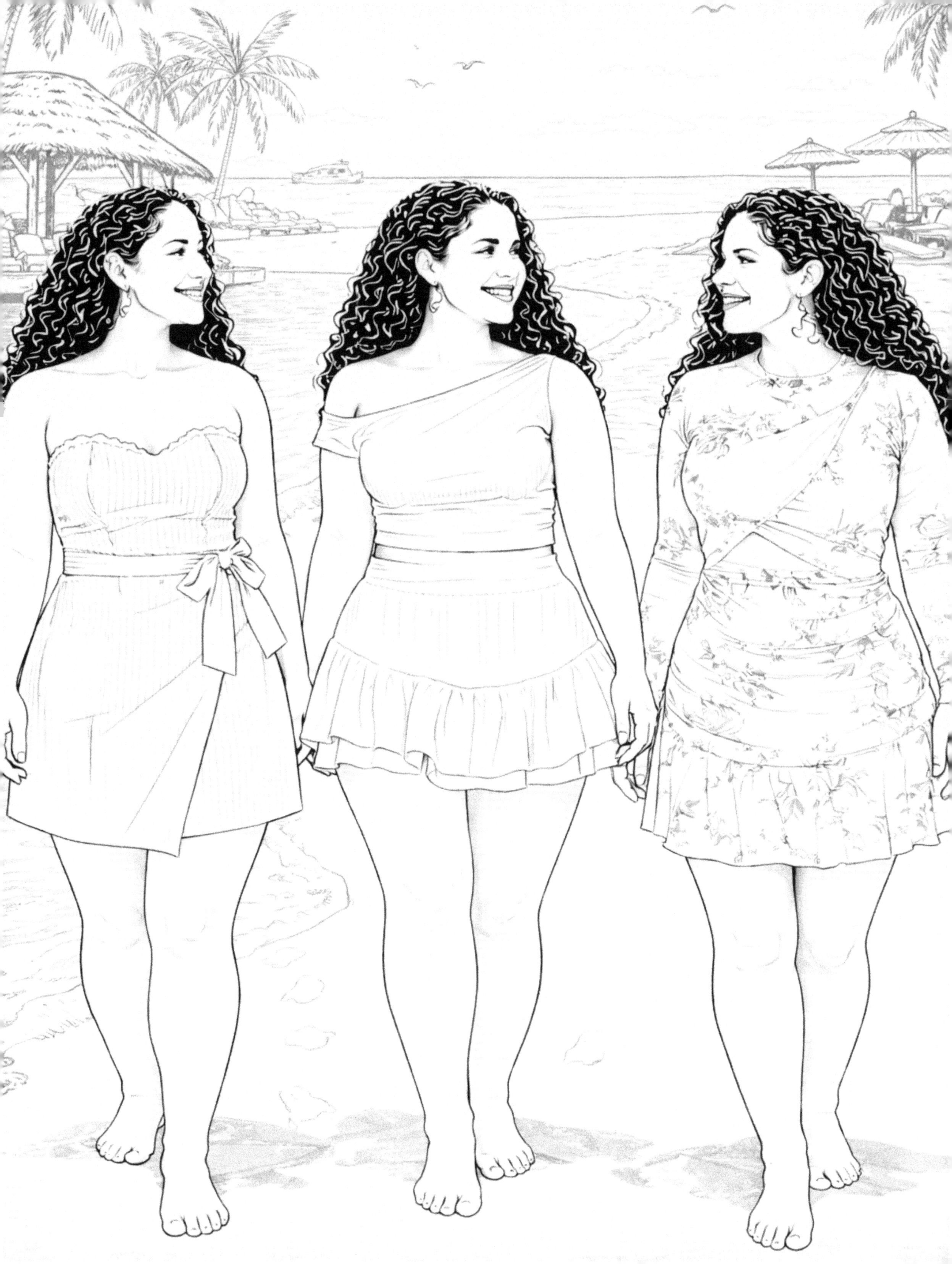

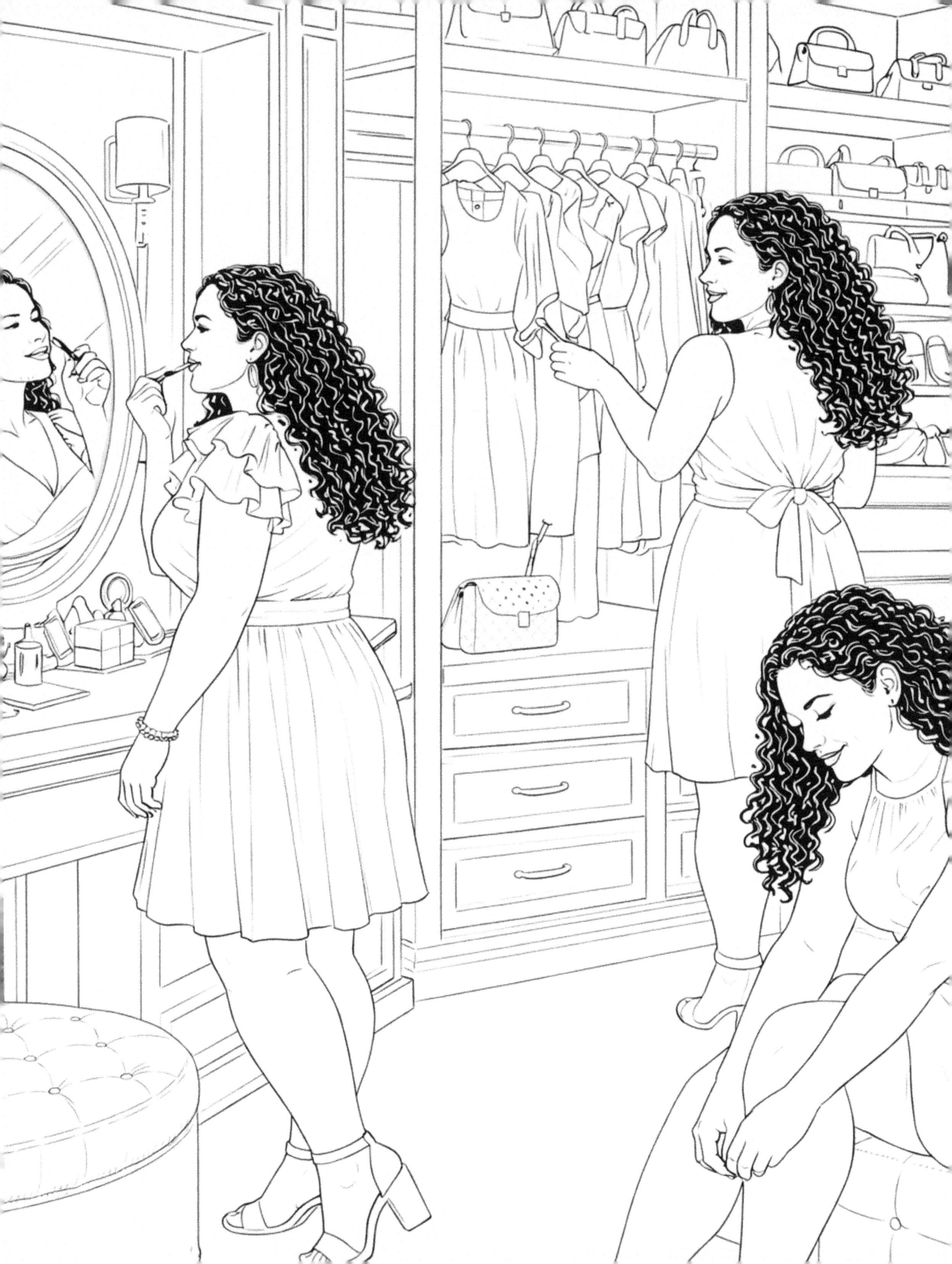

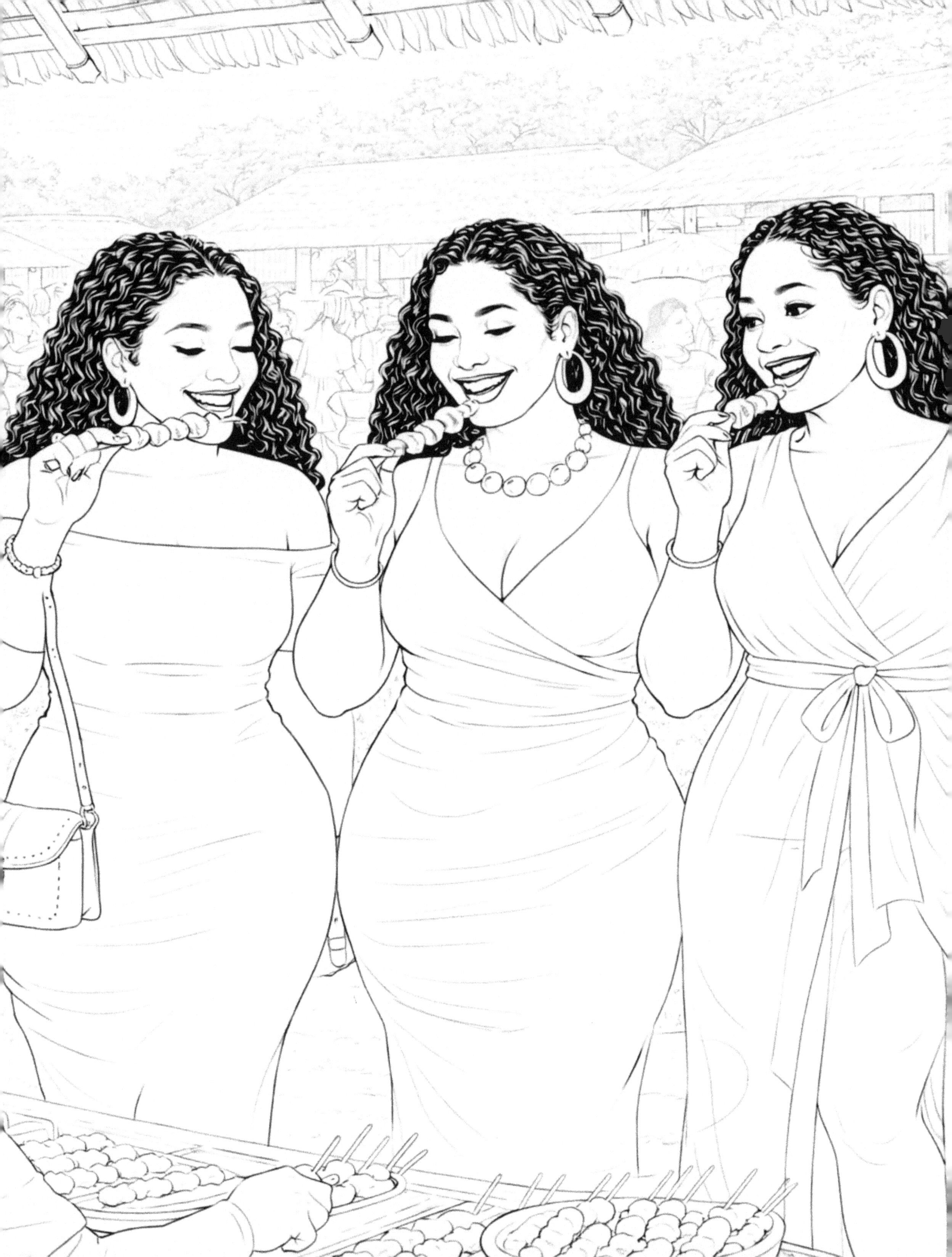

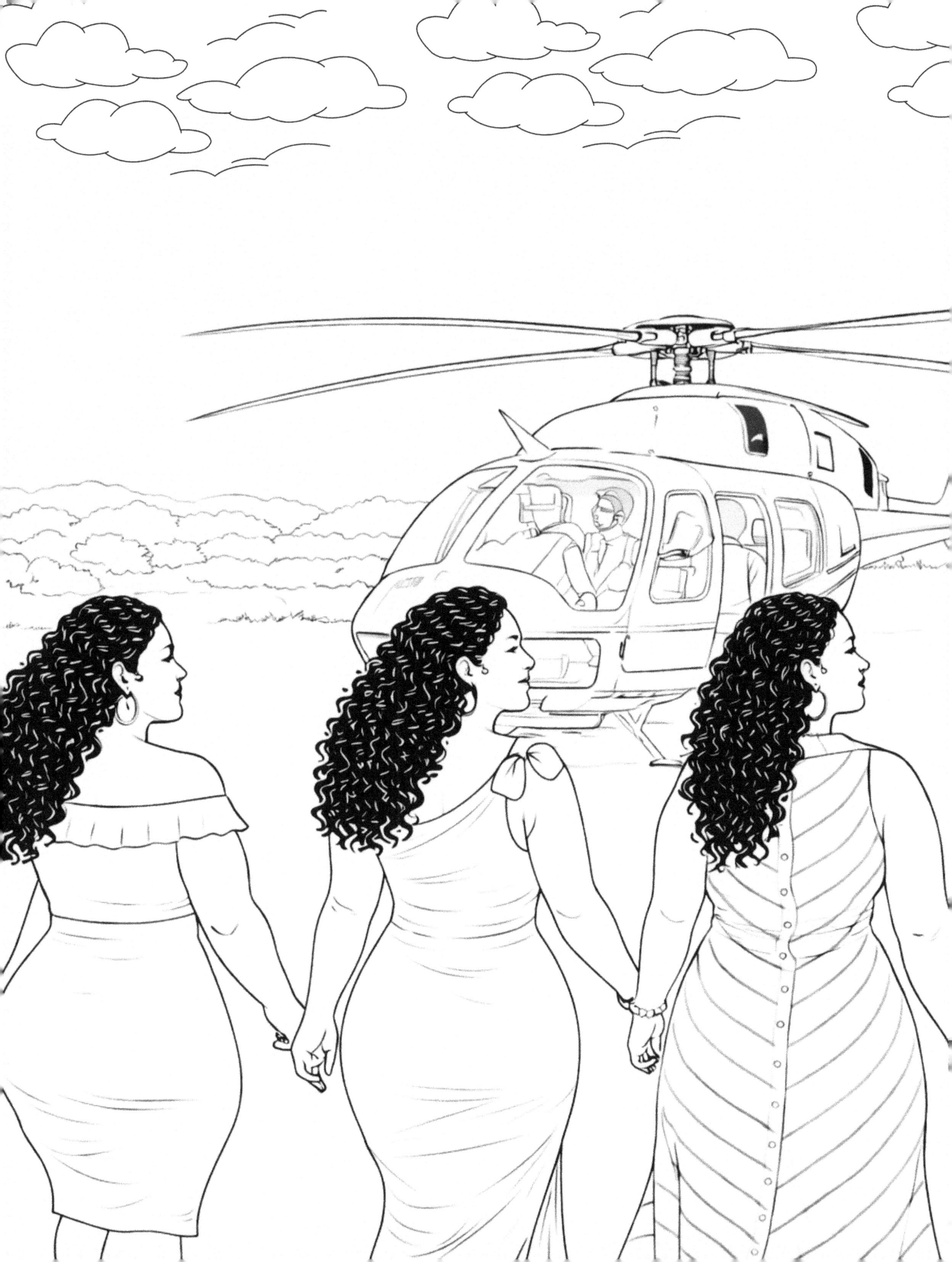

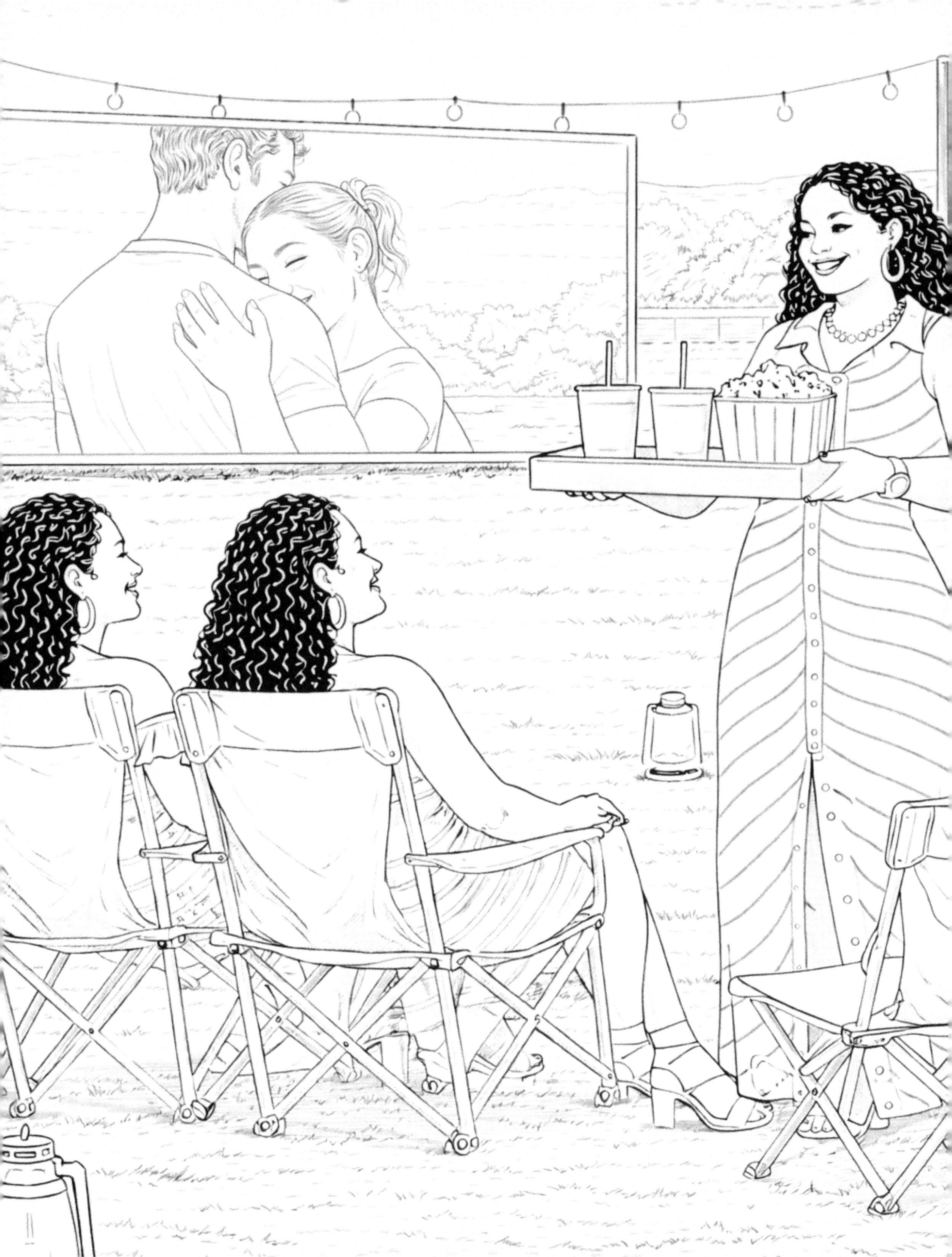

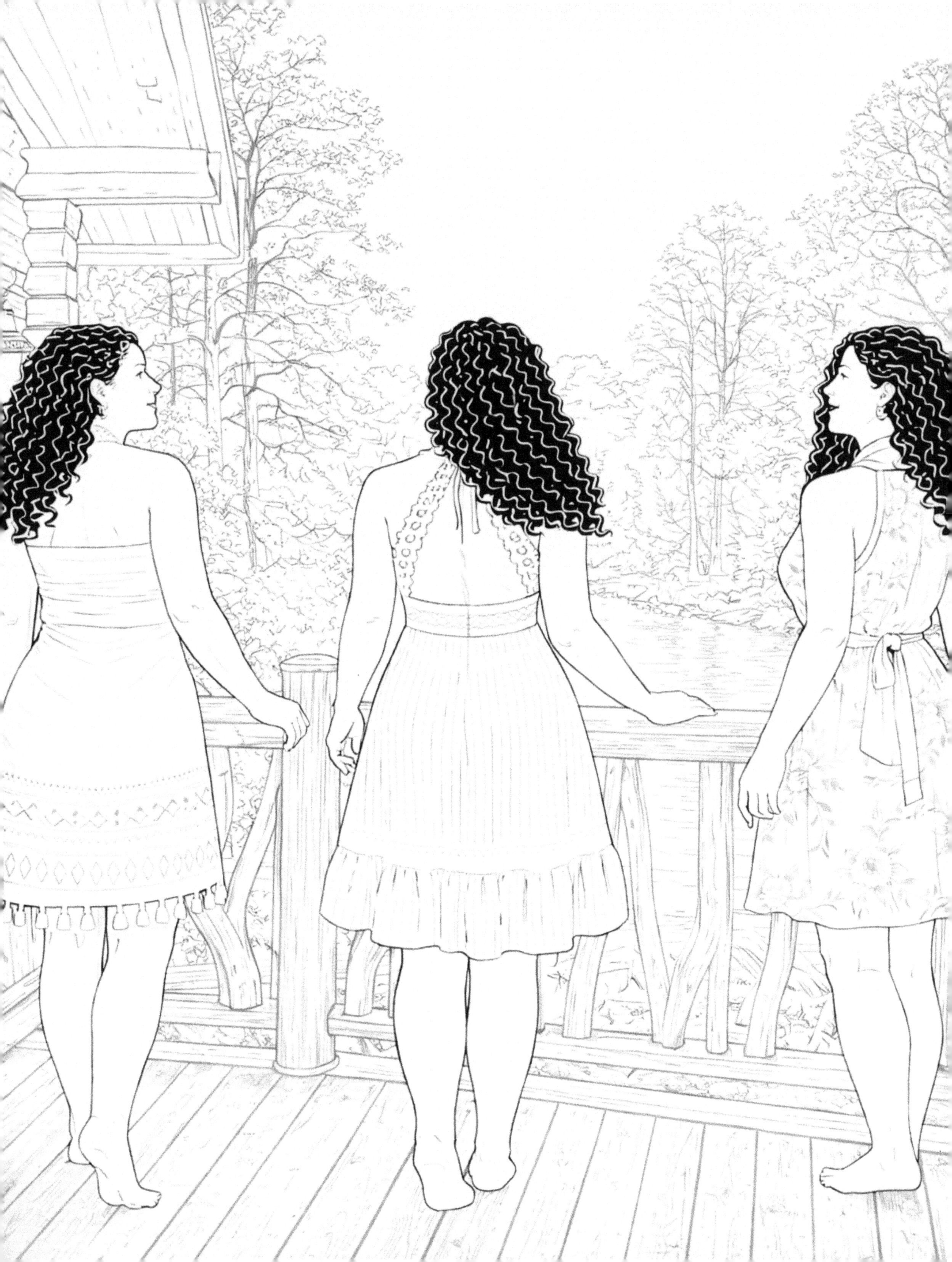

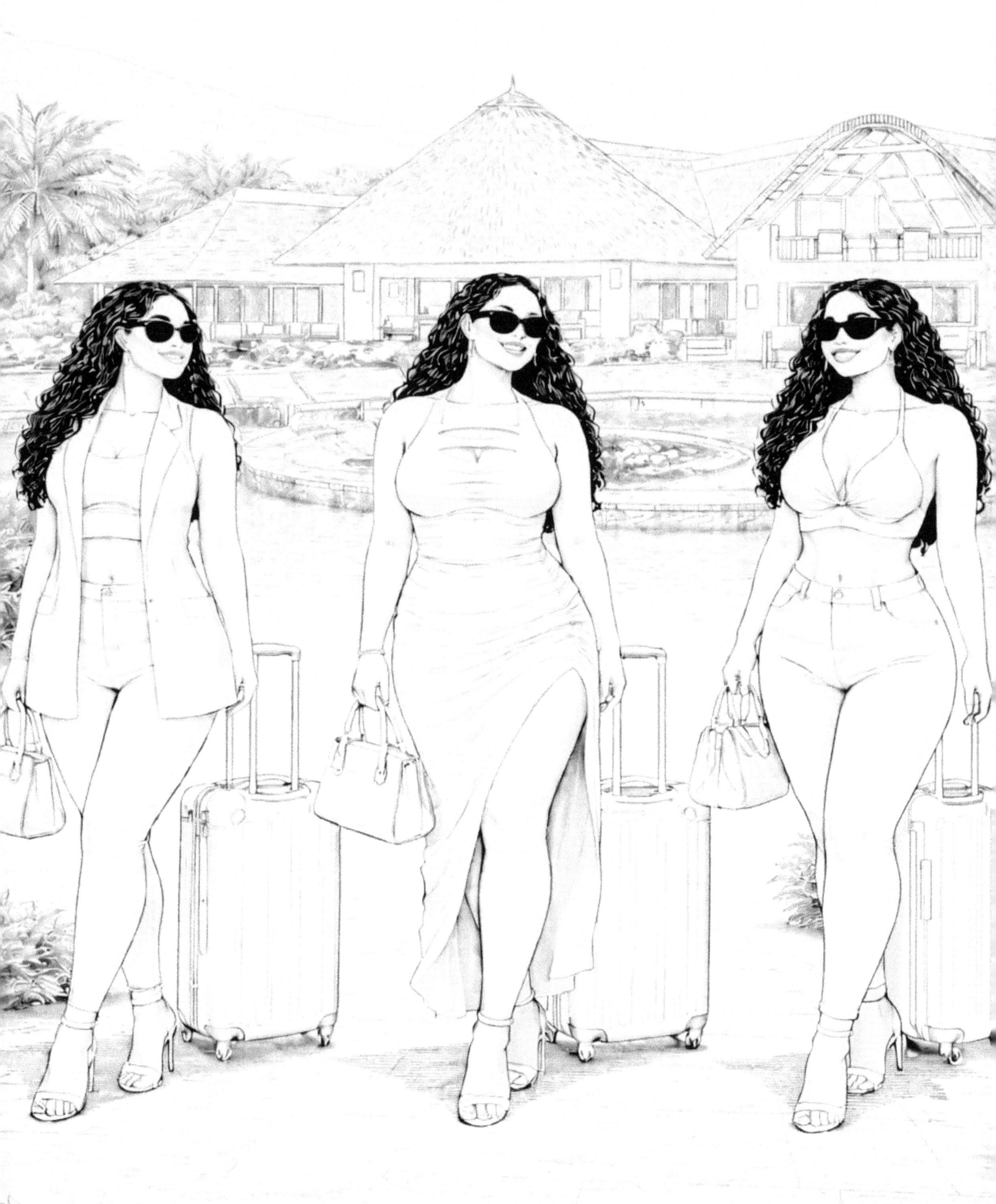

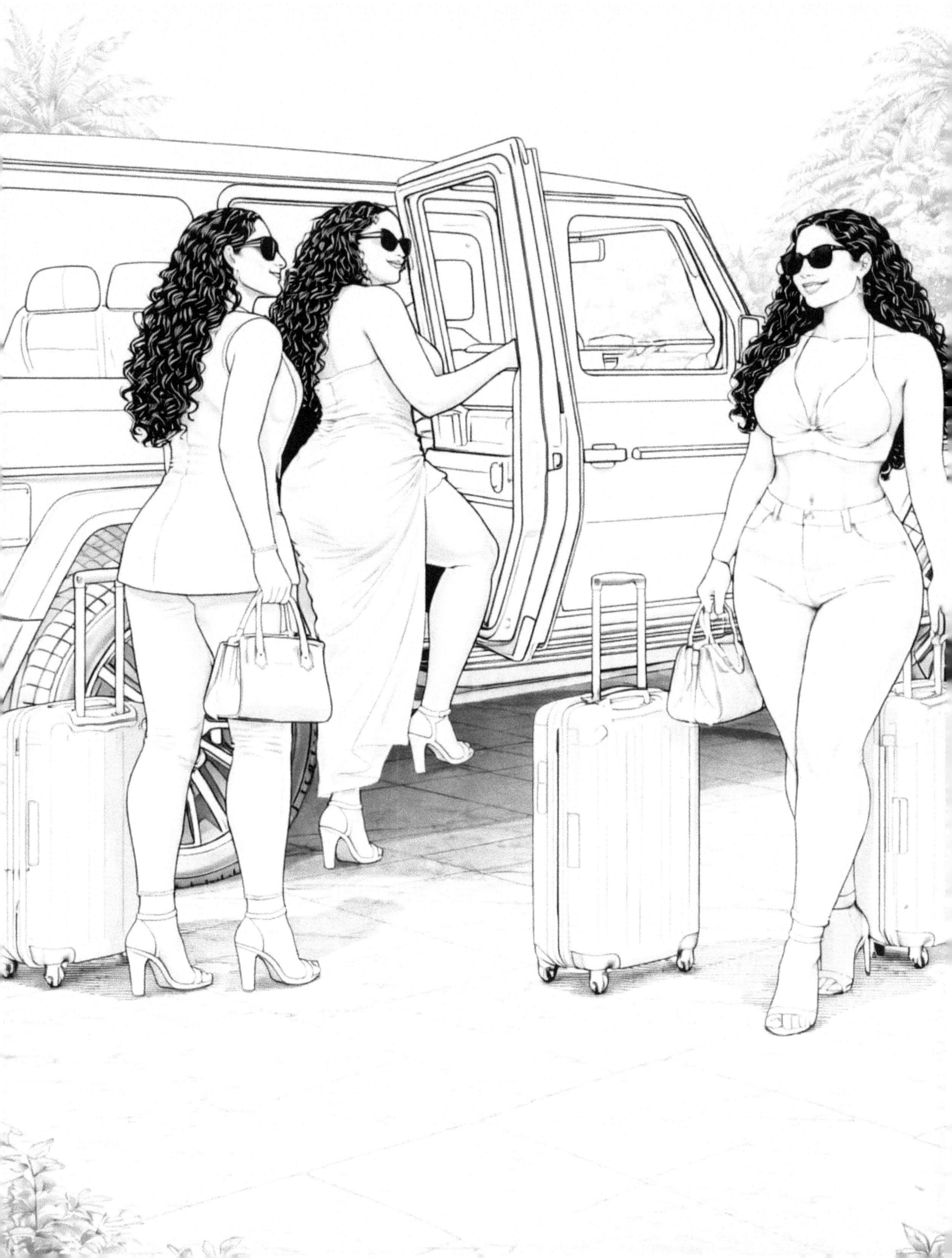